教師の本音

生徒には言えない先生の裏側

静岡の元教師すぎやま

SB新書
687

まえがき

世の中から求められている『教師の本音』

「先生って職員室で生徒の悪口を言っていますか？」

「部活を辞めたら内申点が下がりますか？」

「保護者から相談されたら迷惑ですか？」


YouTuberである私の元には、こうした質問が毎日のように届きます。

メッセージを送ってくるのは主に中高生たち。最近では、保護者や教員の方からの相談も増えています。


こういった疑問は一見、些細なものに思えるかもしれません。私も最初は「こんな質問、誰も興味ないだろうな……」と思っていました。

しかし、試しに動画で答えてみると、驚くほど多くの反響があったのです。その時、初めて気づきました。

「先生の生の声って、意外と世間から求められてる……？」と。

私が『教師の本音』や『学校の裏事情』を解説する動画を始めたのは、この気づきからでした。以来、私のチャンネルは多くの方々に支持され、今ではTikTokで40万人、YouTubeで24万人を超えるフォロワーを持つまでになっています。これほど多くの方に見ていただけるとは、当時は想像もしていませんでした。

そんな私が教師になったのは、今から20年前のこと。就職氷河期の中で教員採用試験に苦労しながらも、ようやく教壇に立つことができました。

「これから一生、教師として子どもたちのために働くぞ！」

と、鼻息を荒らげながら、初任校の門をくぐりました。しかし、そこで待ち受けていたのは、理想とは程遠い、過酷な現実でした。

「先生〜！　加藤くんが授業抜け出しました〜」

「先生！　土日の部活のメニューを教えてください!!」

「すぎやまさん、体育祭の企画書来週までだけど大丈夫？」


朝から晩まで走り回って、もう毎日ドタバタ。

気づけばずっと立ちっぱなしで、半日トイレも行けないなんてこともよくありました。


生徒との時間を大切にするぞ！　工夫して楽しい授業をつくるぞ！

そういった理想を抱きつつも、あまりに忙しく、生徒のため、授業の準備のために使う時間がまったく確保できないのです。

月の残業100時間。疲れて休みたくても、部活で土日も出勤。学級崩壊や校内暴力のリスクに気を張り詰める毎日。そこに容赦なく飛んでくる理不尽なクレーム。挙げ句の果てに、残業代はゼロ。

教員として働く中で、だんだんと世の中の現実も見えてきてしまいました。

消防士になった同級生と久しぶりに会って話すと、彼は、残業代や手当のおかげで給料は私の1・5倍。もちろん週休2日は当たり前です。若くしてマイホームを買って、パートナーや子どもたちと幸せな家庭を築いていました。

世の中は、なんて理不尽なんだろう。そう感じました。

でも多くの教員は、それでもなんとかこの理不尽を乗り越えて、定年まで勤め上げます。なぜかというと、我慢することで得られる生活があったり、それが当たり前だと思っていたりするからです。


たしかに教職は大変。でも、がんばって働いていれば、結婚し、子どもを育て、家を建てて、幸せな老後を迎えられる。自分の先生も、先輩も、みんなそうやってがんばってきたんだから、自分も同じようにがんばろう。そう思って定年までの持久戦を必死に耐えている教員も多いと思います。

でも、私はそういう『理想の人生像』みたいなものにも共感できませんでした。

その理由は、私がＬＧＢＴＱ（性的マイノリティ）だからかもしれません。私はゲイなので一生結婚もできないし、子どももつくれません。『理想の人生像』のために、ひたすら我慢を重ねて、定年を迎えるという未来に魅力を感じなかったのです。

それでもがんばって10年以上勤務したのちに、私は教員を辞めました。夢があったからです。

それは「本格的に音楽の仕事をしたい」という夢です（ちなみに私は音楽と社会科の教員免許を持っています）。それで、教員を退職してからは、2年ほどボイストレーナーや舞台制作の仕事をして、なんとか生計を立てていました。

ところが2020年。

コロナパンデミックの影響で、すべての仕事を失ってしまったのです。実は私がYouTubeを始めたのはその時。最後の望みをかけてYouTubeを始めたのでした。

発信がきっかけで、学校のルールが変わった

最初は、元教師がYouTubeで教師の本音や裏事情を話すことについて、自分でも抵抗があったし、たくさんの批判もありました。

「現場を辞めた人間がアレコレ言うな」と。

でも、こんなに多くの人に直接声を届けられる教師は、日本中で私以外にはいません。私の動画は全SNS合わせて年間2億~3億回ほど再生されていて、小学生から大学生まで、多くの若者たちが私の動画を見てくれているのです。

最近では、書籍を出版したり、TVに出演したりと活動の幅を広げ、SNSの枠を超えて、さらに多くの人にアプローチできるようにもなってきました。

これは教師を辞めて、情報発信を生業にした私だからできること。私は私にしかできないやり方で教育を変えていきます。

もちろん、自分が全教員の声を代弁しているなんて思っていませんし、間違えていることもあるでしょう。でも、多くの人に、実情を知ってもらうキッカケにはなっていると思います。

そして、先生方ももっと声を上げなければいけない、と私は思います。

教師が何十年も黙って、我慢して、働き続けてきた結果、ついに学校教育は崩壊の瀬戸際まで来てしまっているのだから。

もっと声をあげて、まずは、保護者のみなさんに、現状を知ってもらうことが大事だと私は考えています。


保護者と教師は一緒に子どもの成長を支え、後押ししていく存在です。

この本を書くにあたっても、多くの保護者の方ともお話しさせていただいたのですが、その中で多くの方が、

「学校のことがよくわからないから不安」

「先生にどこまで言っていいかわからない」

と言っていました。

人はわからないと心配になり、不満がつのるものです。

まずはそれを知ってもらうために発信すること。教師もキレイゴト抜きの本音で語ること。

そこがスタートです。その上でようやく教師と、保護者と、世の中の大人たちが同じ土俵に立って「じゃあ何ができるか？」と、学校の未来を考えていくことができる、

と私は思います。

本編の中で詳しく解説しますが、部活問題もそう。

保護者に実態が伝わっていないために、認識のすれ違いが生まれ、両方に不満が蓄積してしまっている最たるものです。「先生、なんでもっとやってくれないの？」と思っている保護者もいれば、逆に「部活が多くて迷惑」と思っている保護者もいる。

でも、ある学校で校長がＰＴＡ総会で「部活は、先生方がボランティアでやってくれていることを理解してほしい」と、学校の苦しい実態を保護者に伝えたことがありました。すると、その年は部活に関するクレームはグンと減ったのです。

だから、まずは先生が伝えること、そして知ってもらうこと。

知ることで不安は軽減され、すれ違いによる不満も減らすことができます。教師と保護者が、学校と社会が、同じ方向を向いて協力し合うことができれば、それは何よりも子どもたちのためにもなるのです。

実際に、私の発信を通して実態を知ってもらえ、学校が変わった事例を紹介します。

以前、私がＳＮＳで髪型に関するブラック校則について問題提起したことがありました。

その動画は多くの中高生の共感を呼び、瞬く間に拡散されたのですが、しばらくして、一人の高校生からこんなＤＭが届きました。

「ブラック校則について、解説してくれてありがとうございます。前からおかしい校則が多いと思っていたのですが、すぎやま先生の動画を見てやっぱり変だと確信しました。そして、学校の先生にもすぎやま先生の動画を見せると、『たしかにそうだな』と言ってくれ、生徒会でも話し合って、いくつかの校則を変えることに決まりました。みんなで考えるキッカケをつくってくれてありがとうございます」

その高校生は、私の動画をキッカケに校則の理不尽さに気づき、勇気を出して動いた。そしてルールを変えたのです。

世の中は、こういう小さな積み重ねで変わっていくと私は思います。

だから私は声を上げ続けます。
子どもたちの未来と、そして日本の未来のために。

教師が幸せになれば子どもたちも幸せになる

そして、その前段階として必要なのは現場で働く『教師の幸せ』です。
「いやいや、生徒のことが最優先でしょ」と思う教育関係者も多いでしょう。

でも、私は断言します。教師の精神的安全、教師の幸せは良い教育をするためのベースとなるものです。

今のように先生方がいつもリスクに怯え、憔悴しきって、プライベートを犠牲にしながら働いているようでは、良い教育なんてできっこないのです。まずは先生が安全に、安心して、健康に働ける学校にしなければいけません。

そして教師が幸せに生きること。そうしないと、子どもに幸せな生き方を教えられるわけがありません。自分の健康を削りながら働いている先生が、命の大切さを語っても説得力がないですよね。

じゃあ、なんで教師が心身を病みながら働かないといけないような状況になってしまっているのか？

それは本書の中で詳しく解説していきます。

いま、本当に大変な状況の中で歯を食いしばって働いている先生方が、日本中にたくさんいます。本書を通して、その状況を多くの方に知ってもらいたい。

最前線でがんばっている誠実で、優しい先生方がゆとりを取り戻し、子どもたちとの時間を大切にしてもらえたら、それが一番子どもたちのためになるからです。

そして実態を知ったみなさんに、本気で変えなきゃと感じてほしい。

みんなが知ることで、ほんの少しでいいから自分のできることをしてみる。その積み重ねで社会は変えられる。私はそう思っています。

本書の執筆にあたり、本当に忙しい合間を縫ってアンケート調査にご協力いただいた多くの先生方に感謝を申し上げます。

この本を通じて、先生たちの本音が、より多くの人々に届きますように。

そして、子どもも、保護者も、先生も、みんなが幸せになる仕組みに、学校が生まれ変わっていきますように。

『教師の本音』　目次

第2章　学校現場の本音……77

第4章　生徒が気になる先生の本音……175

第1章 保護者への本音

保護者からのクレームがヤバすぎる

「成績を上げろ」と5時間監禁される

「テストの点数、上げてもらえませんか？」

保護者からそんな電話がかかってきたことがあります。いやいや（笑）、そんなことあります？　初っ端から冗談キツいよ、と思われると思いますが、残念ながら実話です。

それは定期テストが終わった後のことでした。学年主任に呼ばれて電話に出ると、相手は担任しているクラスの生徒の保護者。

「先生、うちの子、今回の数学のテスト、すごく点数悪かったんですよ」

「あぁ、まぁたしかにそうですね……」

「あの……点数、上げてもらうことってできませんか？」

「えっ？」

正直、意味がわかりませんでした。

「点数上げるって、どういうことですか？」

「こんな点数見せたら、パパ（夫）が怒るから、怖くて見せられないんですよ。怒られたら娘も可哀想だし……少しでもいいんで、何点か上げてくれませんか？」

「いや……さすがにそれは学校の信用に関わるので、そういうことはできません」

「そうですよね……わかりました」

幸いなことに、この件はこれで終わりました。まあ、モンスターペアレンツとまでは言えないような、笑い話かもしれません。


本書ではいくつかこういう私の体験談をお話ししていますが、今でも根に持っていて、恨み節を言いたいという意図ではなく、あくまでも学校の実情を伝えるためのビックリエピソードとして聞いてもらえたらなと思います。

ただし、教員には守秘義務もあるので、個人が特定できないようにするため、内容は一部脚色していることはあらかじめご了承くださいね。

さて、こういう保護者からのビックリするようなクレーム、学校現場ではかなり多いのです。もちろん学校に問題がある場合も多いでしょう。それは真摯に対応していかなくてはなりません。

でも問題なのは、そうじゃないケース、つまり保護者があまりに理不尽なクレームを入れてくること。いわゆる『モンスターペアレンツ』です。

次にご紹介するケースはもっと深刻でした。

受験のときには、それまでの成績に基づく「内申点」を参考にして、志望校を決めます。その内申点が出たときに、ある生徒の保護者が夫婦で学校にやってきたんです。担任の先生に話がある、ということでした。

そこで、お二人を学校の応接室にお通ししました。

「どうしました?」

「あのさぁ、この成績、どういうこと!?」

「はい?」

父親の方は最初からケンカ腰。品の良さそうな母親は背筋をピンと伸ばしたまま、凍った表情でこちらを見ています。

「これじゃあさ、うちの子は○○高校に行けないじゃないか」

「そうですね、ちょっと……厳しいかもしれませんね」

「厳しいですよね、じゃないよ！」

お父さんの怒りはドンドンエスカレートしていきます。

「あんた担任なんだから、息子の成績、もうひとつかふたつ、上げてくれてもいいじゃないか！」

「担任としてうちの子の進路を応援する気はないのか！」

「息子の未来を潰す気か！」

机をバンバン叩きながら怒りをぶつけてくる父親。埒が明かないと思った私は、「学年主任の方から説明しますんで、ちょっとお待ちいただけますか？」

と言って、席を立とうとしました。

ところが父親は「いや、いい、行くな」と言うのです。

「いや、でも私がこれ以上説明しても、ちょっとおわかりいただけないと思うんで……」

「いや、いい、とにかくあんたに言いたいんだよ」

そこから、また一方的な罵倒が続きます。しばらくそれを聞かされてから、

「いや、もう私が言ってもおわかりいただけないと思うので、学年主任を呼んできますので……」と言って応接室を出ようとしたんですが、「いや、行かなくていい」と、ドアを押さえられてしまいました。

「俺はあんたに文句があるんだよ！」

……もう、意味がわかりません。そのまま怒鳴り続けられ、時間感覚もなくなり始めた頃、

「これだけ言っても成績上がらないんだな？」

「上がりません」

「わかった、じゃあ帰るよ」

と言ってご両親は帰っていきました。

16時くらいに来たその保護者が帰ったのは、21時を過ぎてからでした。

ようやく職員室に戻ったら、心配した学年主任がまだ残ってくれていました。

「大丈夫だった？」と。

「いや、助けに来いよ！」と思いましたが、もうつっこむ元気すらありませんでした。

トイレも行けない、水も飲めないで、5時間ただ怒鳴り続けられる。こんな経験はな

かなかできないと思います。

怒鳴る保護者、萎縮する教員

教員が保護者から理不尽に怒鳴られ続けるというのは、実はけっこうあります。別の生徒の件で保護者ともめてしまったときも、教頭と学年主任が家まで謝りに行って、「夜中の0時まで怒鳴り続けられた……」と言っていました。

そんな長時間怒鳴って、よくノドが潰れないですよね（笑）。

保護者にそこまで一方的に怒りをぶつけられても、先生方は基本的に黙っていることしかできません。

実は学校の教員というのは、とても弱い立場なのです。

たとえば保護者が、学校ではなく学習塾に怒鳴り込んできたらどうでしょう？　たぶん1時間もしないうちに「じゃあもういいです、うちの塾に来てくれなくていいから帰ってください」と言ってお引き取りいただくことでしょう。もし居座るようなら警察を呼ぶだけです。

同じ子ども相手、保護者相手の仕事でも、塾はお客を選べます。銀行や市役所もそうですよね。お客さんが怒鳴り込んできて暴れたら、すぐに通報です。

でも、学校は保護者である限りどんなに怒鳴っていても追い返すことはできません し、居座られても警察を呼ぶこともできません。クレーム対応窓口はなく、顧問弁護士もいません。

また学校ではなく、教育委員会に苦情を入れられるケースもあります。この場合、教頭や校長が委員会への説明・対応に奔走することになります。ただし、教育委員会の指導主事というのはみんな『先生』です。どこかの学校で一緒に働いていた仲間なのです。教育委員会＝教師を管理している影の組織のようなイメージを持っている人もいるかもしれませんが、全然そうではないんですね（笑）。

生徒の中にも時々「教育委員会に言ってやろ〜！」と教師を煽ってくる子がいますが、「どうぞ言ってください」という話です。ただ、学校に非があろうがなかろうが、教育委員会から電話がかかってきて「クレームが入っているんですが、事実関係を確認して報告してください」と言われれば、校長も教頭もいい気はしないですよね。

だから学校では、トラブルやクレームに関して、腰を低くしてどうにか穏便に済ませるという手段を第一にせざるを得ないのが現状なんです。

メディアの偏った報道でモンスターペアレンツが増えている

「学校へのクレーム対応窓口を新設！」。2024年4月、モンスターペアレンツ対応に悩まされていた奈良県天理市が、専用窓口をつくった、というニュースが話題になりました。

一般の企業では、『お客様センター』や『カスタマー窓口』を設けているところは、珍しくありません。現場でいちいち対応していたら、仕事が回らなくなってしまうからです。ついに学校までも専用窓口でクレームを受け付ける時代になってきているのです。

モンスターペアレンツ、クレーマー増加の背景には、メディアの報道も関わっている、と私は思います。

たとえば、男の先生が援助交際をしていました、女の先生が風俗店に勤めていました……みたいな話は、ものすごいゴシップになります。最近も、下半身を露出して公然わいせつ罪で捕まった校長がいました。

それらの事件は、たしかに事実です。しかし、捕まったのが校長じゃなくて、どこかの家電量販店の55歳の部長だった場合、そこまで大きなニュースになるでしょうか？　でも校長が……となると、教師＝聖職者というイメージのせいで、センセーショナルなゴシップとして報道されるわけです。

もちろんメディアは嘘を報道しているわけではないでしょう。しかし、なにか学校がらみの事件があった場合、学校を批判する被害者やコメンテーターの意見ばかりが報じられがちです。そして学校側の説明は切り取られ、まるでただただ『言い訳』しているような見方をされることが、あまりにも多くないでしょうか？

こういう報道は事実だとしても、人々の印象を形成するのには十分な影響力を持っています。

心理学で『リスク認知バイアス』という心理作用があります。

たとえば、飛行機が墜落したというニュースがあると、多くの人は飛行機＝危険と思い込んでしまうという心の働きのことです。

でもよく考えてください。事故があろうがなかろうが、飛行機の危険度は変わりませんよね？

そもそも飛行機事故で死ぬ確率は0・01％以下、つまり1万回に1回以下とされます。それなのに、急に怖くなって慌ててフライト予約をキャンセルしてしまったりするのです。

教員についてのゴシップ報道は、これと同じです。

まるで先生みんなが悪いことをしているんじゃないか？　先生ってヤバい人ばかりなんじゃないか？　と思い込ませる効果があると思います。

冷静に考えてみれば、実際には、普通のサラリーマンがわいせつ事件を起こす確率と、教員がわいせつ事件を起こす確率なんて、だいたい同じぐらいでしょう。でも教員の事件の方が圧倒的に大きく報道されがちで、リスクが高いように感じられてしまうのです。

「先生には社会常識がない」ってホント？

「学校の先生って世間知らずですからね」

……としたり顔で批判している人をよく見かけます。ニュース番組でも、ＳＮＳでもそうです。

教師は子どもばかり相手にしているから社会とのつながりが薄い、つまり一般常識がない、という理屈です。

教員の不祥事などの事件があったときに、コメンテーターが必ずこう言います。

「学校の先生って大学卒業してすぐに学校に戻るわけですから、社会のことを知りませんし、若い頃から先生先生と呼ばれているので、やっぱりちょっと世間ズレしてますよね」

そのことは、私にとってもコンプレックスのひとつでした。ニュースでそういう批判を聞くたびに、「やっぱり自分も世間知らずなのかな」と思ったこともありました。

実際、教員を辞めて世間に出てから、「これは教員時代には知らなかったな」と思ったこともたしかにありました。

たとえば名刺の渡し方ひとつにしてもそうです。教員は基本、名刺なんて持っていませんし、研修で名刺の渡し方を教わることもありません。電話応対の仕方も、お客様や取引先への対応の仕方も知りません。

他の業界で当たり前とされていることで、教員である自分が知らなかったことは間違いなくいくつもあったんですね。

でも教員を辞めて何年か民間で働いてきた結果、気づいたことがあります。

それは「実はみんな自分の業界のことしか知らない」ということ。

たしかに教員の世界では、「教師の常識は世間の非常識」とよく言われています。でも警察官の友人は「警察官の常識は世間の非常識ってよく言われます」と言うのです。弁護士の友人も同じことを言っていました。

銀行員は銀行員の常識の中で生きているし、コンビニ店員はコンビニ店員の常識の中で生きているんです。

ビジネスマナーや一般常識というものについてもそうです。

名刺の渡し方を知らない人なんて、世の中には大量にいます。敬語の使い方がおかしい人も、お客様対応が下手くそな人だってたくさんいるでしょう。そもそもビジネスマナーなんてものがけっこう曖昧なものだったり、業界ごとに特殊なルールがあったりするのです。

これは教員を辞めて、独立して、民間企業でも働いてみて初めて気づいたことです。結局、みんな世間知らず。「ワタクシは世間を知っています。常識人です」なんて人はどこにもいなかったんです。

ある会食の席で、たまたま隣に座った女性の起業家の人からこう言われました。

「先生ってホント非常識な人が多いですよね！」
いやいや、初対面の元教師に向かってそんなこと言う人の方がよっぽど非常識だよ……と言いたくなりましたが、常識人の私は言葉を呑みました。

先生は相談されたらうれしい

私のところにはYouTubeやTikTokの視聴者から毎日のように相談のDMが届きます。その多くは中高生からのものなのですが、中には保護者からの相談もあり、また最近ではフリースクールや通信制サポート校の活動を通して、生で保護者のみなさんの声を聞く機会も増えています。

その中で特に多いのは、「先生にどこまで相談したらいいかわからない」というものです。

たとえば明らかないじめとまではいかなくても、心配なことってありますよね。「子どもが楽しくなさそうにしている」とか、「クラスで孤立してるんじゃないか？」とか。でも、先生も忙しいだろうし、そんなことでいちいち相談したら『モンペ』（モンスターペアレンツ）扱いされてしまうんじゃないか？

モンスターペアレンツ問題が広まる陰で、逆に気を使いすぎて、どこまで言っていいものなのかと悩んでいる保護者の方も増えているようなんです。

でも断言しますが、小さなことでも気軽に相談してOKです。むしろ、言ってくれた方がありがたいし、教員は話してもらえれば絶対に気にかけるようにします。

電話するほどでも……という場合には手紙や連絡帳に書いておいてくれるだけでも大丈夫です。

特に小学生の場合はそうです。たとえば、「うちの子、本当に好き嫌いが多くて、野菜がまったく食べられないんですけど……」とか、「幼稚園のときに○○ちゃんとケンカして、本当にすごいトラブルになった」とか、そういう情報は、逆に伝えておいてもらった方がありがたかったりします。

特に小学生の場合は、困っていても、なかなか自分から先生に言い出せないことがあります。でも把握しておけば、もし何も起きなかったとしても、気にかけておくことができます。教員としてもそれはありがたいことなのです。

だから「迷惑かな」などと思わずに、言ってほしい。あとから怒鳴り込まれるくらいなら、先に言っておいてくれた方がいいです（笑）。

実際に私の経験として、中学校のクラス替えの作業をしている最中に、たまたまあるお母さんに会って、「実はうちの子、小学生のときに○○ちゃんとトラブルになってるんですよ……」と聞いたことがありました。急いでクラス替えの資料を見たら、その2人は新クラスが同じになっていたんですね。

2人のトラブルについては、小学校からまったく情報が上がってきていませんでした。知っていたら絶対一緒のクラスにはしませんから。

その時は、お母さんの情報のおかげで、ギリギリのところで2人を別々のクラスにすることができ、トラブルを事前に回避することができました。

いじめや人間関係トラブルの真実

不登校の原因は「いじめ」とは限らない

不登校は今、大きな社会問題になっています。

2024年10月末、34万人以上の小・中学生が不登校という調査結果が発表され、新聞などでも大きな話題となりました（文部科学省『令和5年度 児童生徒の問題行動・不登校等生徒指導上の諸課題に関する調査結果の概要』)。

去年はおよそ29万人で大騒ぎしていたのに、あっという間に30万人超え。ただし、この34万人というのは『年間30日間以上欠席』の生徒だけで、それだけいるということ。不登校というのは「来るか?」「来ないか?」と、簡単に割り切れるような問題ではなく、来たり来なかったり、休みがちだったりする子の方が圧倒的に多いのです。29日欠席の子や、別室登校の子、毎日午前中は来られない子などは、ここに含まれていません。だから、私は、実際はこの3倍以上は『ほぼ不登校』の生徒がいると考えています。

不登校の子どもは、この11年間ずっと増え続けていています。34万人というと不登校(30日以上欠席者)の調査・統計の始まった1991年から30年余りで5倍以上です。特に2020年度以降、一気に15万人も増えています。それくらい急増しているのです。

これはおそらく、今まで「学校行かないと困る」と思っていた子どもたちが、コロナをきっかけに「あれ、意外と学校行かなくても困らないじゃん」と感じてしまったからだと私は思っています。

コロナ禍を機に「リモートワークでも意外と大丈夫だ」と気づき、そのまま週の半分は在宅になったというようなサラリーマンがたくさんいますが、要はそれと同じことです。


子どもが不登校になると、親や先生は必死に原因を探します。

「友だちにいじめられたのか？」

「担任の先生と合わないの？」

「授業についていけていない？」

などと問い詰め、必ず何か原因があって不登校になっているんだろう、と思ってしまいがちです。

しかし私が経験したケースでは「明確な原因なんて結局わからない」というのがほとんどでした。そりゃそうです。

「わたくしは、こうこうこういう理由で不登校になりました」なんて、スラスラと言語化できるぐらいだったら不登校にはならないでしょう。そういう言葉にできないモヤモヤや、積み重なったよくわからないストレスとかがあって、自分でもそれを処理できなくて不登校になるのです。

数学のように、原因はコレだ！　とスパッと割り切れるような問題じゃないんです。「なんで行けないのか？」を生徒本人も説明できないし、本人もわからない。そういうケースが一番多いのです。

私の体感では、不登校になる生徒は『心のエネルギー』のようなものが枯渇している子が多い、と感じています（逆に元気な不登校「アクティブ不登校」については第4章P203～205で解説しています）。話していても、家での様子を聞いても、どうもボーッとしがちで、心のエネルギー＝活力、生きる原動力がほとんどないように感じるのです。外に出ると活発な子でも、すぐにエネルギー切れになってしまう。

そういう子にとって不登校期間は、心のエネルギーを充電するために必要な期間、と考えることもできるかもしれません。

もちろん、昔も心のエネルギーが空になってしまう子はたくさんいたと思います。でも、昔は親や学校に強制力があったため、それでも無理矢理学校に行かされていることが多かっただけ。

ところが今は家庭環境が複雑だったり、発達障害だったり、いろいろな背景を抱えている子が多いです。そのせいで、普通はご飯を食べて一晩寝れば充電できるエネルギーが、うまく充電できないままになってしまい、それが一定のラインを越えると不登校になっていくのではないかと、私はそう考えています。

そして、心のエネルギーの量と、その充電に必要な時間には、個人差があります。生まれつきエネルギーのキャパシティが大きい子もいれば、もともと小さくて、充電に時間がかかる子もいるのです。中には普段は元気なのに、学校のことを考えると急に不安になって、一気にエネルギーがゼロになってしまうような子もいます。

だから、「学校が悪い」「親が悪い」「友だちが悪い」と無理矢理原因を探そうとするよりも、どうやったらその子の心のエネルギーを充足させてあげられるか？　を考える方が建設的です。

ちなみに私は今、不登校生徒向けのオンラインのフリースクールを経営しています。そのスクールでは「学校に行け」とか「どうやったら学校に行けるようになるか」なんてことは一言も言いません。でも、いつの間にか学校に行けるようになってしまう子が多いんですね。

大切にしていることのひとつは、「名前を呼ぶこと」。

オンラインの授業なので、先生が毎日「あ、○○さんおはよう」と入ってきた子、一人ひとりに声をかけるんです。そうしないと誰に対して言っているかがわからないので。

先生側は何気なくやっていたことなのですが、アンケートを取ってみると「名前を呼んでくれてうれしかった」という子がとても多いのです。

思い返してみると、学校でもたしかにあいさつはするけれども、一人ひとりに声をかける機会はどうしても少ないのが現状です。もしかしたら、家でも『名前』を呼ばれることは少ないのかもしれません。

そんなちょっとしたことでもいいんです。そういう関わりが、前に進むエネルギーになっていくんですね。

怠けているワケじゃなかった――不登校解消のケース

中学校教員時代に経験した不登校に関するエピソードもご紹介しましょう。

ある学校で、中1から不登校になった生徒がいました。その子は父子家庭で、お父さんは彼が不登校になっても手をかける余裕はなく、朝から晩まで忙しく働いていました。なんとか誰か面倒を見てくれる人はいないのかと、お父さんや本人にいろいろ訊いてみました。すると、お隣の学区におばあちゃんが住んでいることがわかったんです。

そこで「無理に学校に行けと言わなくていい。学校のことは忘れて、おばあちゃんの家に1週間ぐらい遊びに行かせてあげてもらえないか?」と頼んでみました。お父さんはおばあちゃんに頼りたくなかったようですが、私の説得でしぶしぶこれを了承。それで彼は1週間、おばあちゃんの家に泊まりにいくことになったのです。

それから、彼の現状を知ったおばあちゃんが時々、ご飯を作りに自転車で来てくれたり、彼もおばあちゃんの家にちょくちょく遊びに行くようになったりしました。そしてそれから半年ぐらい経った後、彼は急に登校できるようになったんです。

やったことといえば、おばあちゃんに関わってもらうようになったことぐらいです。なんとか高校に合格もでき、「これからはおばあちゃんに心配かけないようにする」と言って卒業していった彼の晴れやかな顔は、今でもよく覚えています。

もうひとつ、とても印象的だったケースがあります。朝どうしても起きられない生徒がいました。夜はずっとゲームをやっていて、朝起きられなくて、登校の時間に間に合わない。それでそのまま休んでしまうという、不登校初期にありがちなパターンでした。

その生徒の両親は共働きで、毎朝「あんた学校ちゃんと行くんだよ」と言って、先に仕事に出かけます。しかし、学校から電話がかかってきて、登校していないことがわかるのです。お父さんもお母さんも「こいつは怠け者だからなんとかしなきゃ」と言って、強く叱りつけたり、無理やり連れ出したりしていました。

でも私は「ちょっとおかしいな」と違和感を覚えていました。そこで「1回、病院で診てもらった方がいいかもしれませんよ」と言ったんです。

そこで出された診断は『起立性調節障害』。彼が朝起きられないのは『怠け』ではなく、体質だったのです。

その生徒はたしかにゲームで夜更かしをしていました。しかし、起立性調節障害の子どもは、午後から夜にかけては元気になることが多いので、ゲームだけが原因で朝起きられない……というわけではなかったのです。

その生徒は幼い頃からずっと叱られ続けて、自己肯定感がとても低い子でした。本人としては起きたくても、ツラくて苦しくてどうしても起きられない。でも親には「怠け者！」と言われ、そのことで自信ややる気を失ってしまっていたのです。

ところが病院で診断を受けたことによって、彼が怠惰なわけじゃなく、原因が他にあったことが明確になりました。それで彼も、彼の両親も障害とちゃんと向き合うことができるようになったのです。

医師のアドバイスを受けながら、少しずつできることを増やしていきました。

まずは「3時間目からは行けるようにしよう」「ゲームは21時までにしよう」みたいなところから始めて、ちょっとずつ生活習慣を整えていったのです。そうすることでだんだんと学校に通えるようになって、最終的には不登校も改善し、高校に進学できたのでした。

不登校に限らず、学校においていろいろな不適合で苦しんでいる子どもたちの中には、起立性調節障害や発達障害など、病気や体質などが見落とされているケースがかなりあります。

発達障害の中でも、見通しが立たないことを嫌いがちなＡＳＤ（自閉スペクトラム症）の子は特に不安が強いことが多く、たとえば「今日何をやるかわからない」とか「明日起きられるか心配」というような不安が強すぎるせいで学校に行けなくなってしまう、ということもあるのです。

うつ病や適応障害の子も少なくありません。これらも起立性調節障害と同様に、単に怠け者扱いされて見落とされがちなこともあるので、細心の注意が必要でしょう。そこから摂食障害になったり、リストカットなどの自傷に走ったり、命に関わる問題に発展することもあるからです。

どうしても学校に行けない子どもに無理矢理「行きなさい」と言っていると、そのうちドンドン状態が悪化してしまうこともあるので、注意が必要です。

いじめ対応の知られざる実態

不登校と並ぶ大きな問題がいじめです。

「学校でいじめが発生したとき、どんな対応をとるんですか？」とよく保護者や中高生からDMをいただきます。

生徒や保護者から「いじめられている」という申し出があった場合、まず本人に聞き取り調査をして、本人の言い分や事実関係を整理します。そして相手がいる場合は、相手や周りの生徒にも聞き取り調査が行われます。

もちろんそのとき、「お前さ、あいつのこといじめてないか？」とか、「あいつが、お前からいじめられてるって言ってたぞ」なんてダイレクトに訊くような野暮なマネはしません。実際には、ものすごく慎重に、配慮しながらの調査になります。

たとえば、まずは本人に訊く前に、周りの生徒に訊いてみます。証拠があれば、そのあたりを事前に確認しておくこともあります。

その上で、再度、本人やいじめている生徒の話を聞き、身体的な暴力があるなど、軽いもめごとではなく明らかないじめだと判断されれば、加害生徒を指導します。

その後、双方の保護者にも連絡します。「こういうことがありました」「ご家庭でもご指導ください」という風に伝えるわけです。

『いじめ対応マニュアル』みたいなものも、学校ごとに作られています。

いじめの申し出があった時点で、学年主任と生徒指導主事、教頭にはすぐに報告。

学校では生徒指導会議というものがあって、いじめの報告はそこでも必ず議題に挙げないといけないことになっています。

つまり、教師1人じゃなく、必ずチームで、学校全体で対応するということです。中心になるのは担任の先生ですが、場合によっては学年主任と2人で聞き取りしたり、生徒指導主事の先生にも入ってもらったりします。1人でやると「ちゃんと対応してくれなかった」など、あとあとトラブルになることも多いので、必ずチームで対応するのが今の現場の基本。

きちんとマニュアルがあってチームで対応しているということは、保護者にとっても安心材料になります。学校としても、いじめ問題に真摯に向き合い、信頼向上に努めているのです。

「○○くんにいじめられている」——言い分が異なる場合どうする？

私自身、担当しているクラスでいじめが起きたことも、何度かありました。

「うちの学校ではいじめは一切ありません」と自慢している教師が時々いますが、それは見逃しているだけかもしれません。教員としては、いじめは必ずある、と考えておく必要があります。

ただ、いじめの対応というのは、正直とても難しいんです。

これは『あるある』な話ですが、たとえばAくんが「Bくんにいじめられている」と言ってきたとしましょう。まずAくんには「そうなんだ、つらかったね」「よく言ってくれた」と声をかけます。

それからいろいろと調査を始めます。いきなりBくんに聞き取りをするのではなく、まず学級委員や、周りの子などから話を聞いてみるのです。

すると学級委員の子は「そんなの一度も見たことないです」と言います。周りの子に訊いても、「知らない。もともとあの2人、仲良かったかな……?」と返ってきました。

そこでいよいよBくんに話を聞いてみます。「ちょっとそういう噂を聞いたんだけど、何かあった?」と。すると「え? 僕、Aくんと接点そんなにないですよ」ということでした。

重大ないじめが起こっているのではないか? と思って動いてみたのに、実態がまったくつかめない。そこでもう一度Aくんに訊いてみると、それでもやっぱり「Bくんにいじめられてる。無視されている」と言い張るのです。

こういうケース、ものすごくよくあります。では、この場合、あなたはどちらを信じますか？　Ａくんのことを信じたいのは山々ですが、教師にとってはＢくんも同じように大切な生徒。一方の言い分だけを信じて、Ｂくんを加害者だと決めつけることなんてできないのです。

仕方がないのでＡくんに「一応周りの子にも聞いてみたけど、みんなそういうの見たことないって言ってるんだよね。もしまた何かあったらすぐ言ってね？」と言って帰します。

するとＡくんの親からものすごい勢いで電話がかかってきて、「うちの子が嘘ついてるっていうのか!?」と言うんです。

「先生は何もしてくれない」

「学校はいじめを隠蔽しようとしている！」

「マスコミに情報を流す」

などとも言われて、あとから学年主任と2人で謝りに行くことになりました。

こういうことが、実はけっこうあるので、いじめ問題は単純ではないのです。

いじめ隠蔽問題の実態は、現場とメディアで全然違う

「学校が組織ぐるみでいじめを隠蔽！　加害者の肩を持つ教頭」

週刊誌や新聞でこんな見出しをよく目にします。

ある学校の生徒がいじめを苦にして自殺した、しかし学校はいじめの事実を認めず隠蔽しようとしている！　……そんな論調の記事を目にしたことがある人は、少なくないはずです。

多くの人はこういうニュースを見て、「学校ってなんてひどいんだろう」「なんでちゃんと対応しないの？」と憤るでしょう。でも、それは一方の主張でしかありません。

実際、学校で起こるいじめ問題は、『いじめる側』と『いじめられる側』が単純明快なものばかりではありません。

だいたいは前項のように何が事実かわからなかったり、もっと複雑に人間関係が入り乱れていたりするものです。

学校と生徒・保護者のトラブルについても同じです。「学校が適切な対処をしなかったとして保護者が訴えを起こしている」と報道されても、それは保護者がそう主張しているだけの話で、事実とは限らないのです。

でも多くの人はこういう報道が出るたびに、またドラマで裏で悪事を働いている教頭を見るたびに、「先生はいじめを隠蔽する」「都合の悪いことはすぐ隠す」という印象を植え付けられています。

しかし、私の経験では、多くの学校現場では、真相解明が極めて難しいような事例でも、なんとかしようと必死に対応しています。でも現実は、それほど簡単ではないということです。

ビックリすることに、保護者の中には、学校に対して最初から敵対心を持っているような人もいます。

「次の担任はマトモかな？」

「どんなやつか見てやろう」

みたいな感じで、最初から値踏みするような目で見てくる保護者がたまにいるのです。

三者面談でわざと高圧的な態度をとったり、参観会で腕組みしながら睨むようにこちらを見ていたり……。

TVなどの影響があるのかもしれません。小学校の時に学級崩壊して、学校側と保護者側で散々にもめていたなど、学生時代の経験から学校不信におちいっている場合もあります。

でも、基本的にほとんどの先生は熱心で、友好的で、マジメな人たちです。だから、最初から睨みつけたりせず、「一緒に育てていく」という視点を持って接していただけるとありがたいです。

教員と保護者の最大目標は、子どもを成長させ、未来の可能性を広げること。本来、同じ方向を見ているはずだからです。

進路の裏事情

偏差値で進学先を選ぶのはNG

子どもの『偏差値』を気にしている親御さんは多いと思います。

しかし意外かもしれませんが、小・中学校の先生が『偏差値』を念頭に置いて授業をするということは、まずありません。

なぜかというと、偏差値なんてものは、『受験産業』の中でのみ使われる概念だから。少なくとも現在の学校教育は、偏差値とはリンクしていないのです。学校教育の大元である『学習指導要領』には、偏差値なんて言葉は一言も出てきません。

それに対して学習塾というのは入試における学力テストで、良い点数をとることが目的です。それに特化しているわけですから、そりゃ学校の授業よりも効率的に点数UPを狙えるなんていうのは当然の話なのです。

それを、生徒や保護者が勘違いして、「塾の方がわかりやすい」などと言ってくることがあります。でも、それはあくまで受験対策・点数UPテクニックとしての「わかりやすさ」。同じ教科の授業だとしても、学校の授業と塾の授業ではそもそもの目的が違うのです。

学校の授業は受験対策・偏差値対策ではありません。教育基本法や学習指導要領に基づいて、未来を担う子どもたちに必要な力をつけること。それが学校教育の目的です。

つまり中学校では、模試で高い点数を取ろうとか、少しでも偏差値の高い学校に生徒を押し込もうなんて、そもそも微塵も目指していないのです。

今の中学校の進路指導の基本は偏差値ではなく、生徒の将来の夢ややりたいことから逆算して、進学先を選ぶことです。

たとえば将来ゲーム関係の仕事に就きたいという子がいたら、じゃあ情報科でプログラミングを学べるこの高校が良いんじゃないか？　とか、大学進学まで視野に入れているなら、理系の普通高校に行って、そこから情報工学科などがある大学に進むのが良いのではないか？　という風に、生徒の思いや希望を出発点にして、進路を考えていきます。

一方、塾などの受験産業は、たとえば生徒の偏差値が56なら、偏差値55から60ぐらいの学校から興味のありそうな学校を選ぼう、という発想です。滑り止めとして偏差値55ぐらいの高校を受けておきつつ、偏差値60ぐらいのところにチャレンジできるように勉強していこう、というあくまでも『少しでも偏差値の高い学校に合格するため』のテクニックを教えていくわけです。

そもそも学校では『滑り止め』なんて言葉も絶対に使いません。『滑り止め』なんて平気で言うような人は、教育者ではなくただの点取らせ屋だと私は思います。そこを第一志望で受けている生徒や、その学校の生徒、先生方に失礼だと気づかないのでしょうか？

ただもちろん、実際に志望校に合格できるかどうか？　というのは現実問題として出てきます。いくら熱心に進路指導しても、合格できなければ元も子もないので……。だから、過去の合格実績や、成績、学力テストの結果を基にして、「ちょっとここの学校に合格するのは厳しいよ？」などと、現実的なアドバイスは、学校でも当然します。

学校と塾は、同じように授業をしたり、同じように三者面談・進路指導をしたりしているのですが、実は目指している方向性、指導方針はまったく違うのです。

学歴信仰の崩壊——いい大学を出ても、いい企業には就職できない——

ところが塾だけでなく、保護者も『偏差値』に大きな関心を寄せています。

子どもが生まれた時には「健康で生きてさえいてくれればそれだけで十分」と思っていたはずなのに、いつの間にか「できれば勉強できてほしい、できればいい（偏差値の高い）高校や大学に行ってほしい」などと考えるようになっているのです。

偏差値の高い普通高校から、なるべくいい大学に進めば、大企業に就職できる。そうしたら将来安泰、という考えです。

でも、その考えはもう古いです。

大企業に就職するかどうかはさておき、まず、いい大学＝偏差値の高い有名大学に行っておけば、進路の可能性が広がるのか？　という話です。

実は現在、高卒の求人倍率の方が、大卒よりも高くなっているのです。

高卒の求人倍率は3・52倍と、過去最高を記録（厚生労働省「令和5年度『高校・中学新卒者のハローワーク求人に係る求人・求職状況』取りまとめ（7月末現在）」）。

それに対して、大卒・大学院卒の求人倍率は1・75倍（リクルートワークス研究所「第41回ワークス大卒求人倍率調査（2025年卒）」）。なんと高卒の約半分以下なのです。

高校生1人に対して3社以上が「うちに来てくれ」と言っているのに、大学生にはその半分ぐらいしか声がかからないことになります。つまり、今は有名大卒よりも高卒の方が、就職先がたくさんあるという状況なんですね。

しかし、こういう話をすると、「求人倍率が高いといっても、企業のランクはどうなのかしら？」などと考える人もいるでしょう。ところが、実は最近では（特に大企業ほど）採用面接の際に『出身大学』を問わないところが増えています。中には履歴書に、大学名を書く欄がない企業もあるくらいです。

つまり、我々昭和世代がかたくなに信じてきた「いい大学に行って、いい企業に就職して将来安泰」という学歴信仰は、今や完全に崩れ去ってしまっているわけです。

『一般選抜』は大学入試の王道ではなくなっている

そして、最近、大学受験そのものにも大変革が起こりました。

2021年度入試から『総合型選抜』が始まったのです。

総合型選抜は、学力テストの結果だけでなく、その子の特技や将来の夢、活動実績なども加味して、生徒を総合的に評価して選抜しようという制度です（昔はAO入試と呼ばれていたもの）。

大学受験が暗記競争に偏ってしまった結果、問題解決能力の低い学生や、社会で生き抜く力が弱い学生が増えてしまっているという危機感を持った有名大学が旗振り役となって新設されました。

だから、この制度では偏差値がどうこうは関係ありません。たとえば「高校時代にボランティア活動をしていてこんなイベントを主催しました」とか、「鉄道が好きで高校時代に全国の駅を巡りました。大学では駅を中心とした都市工学について研究した

私立大学　入試方式別の入学者の割合

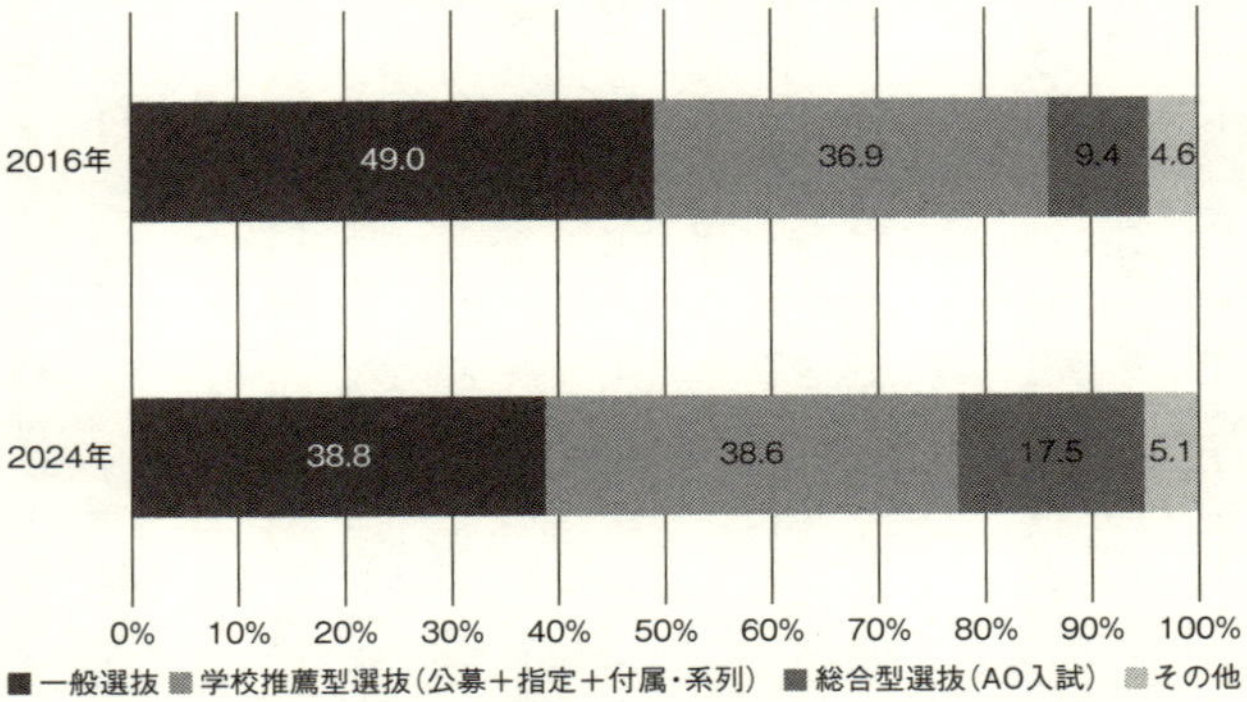

出典：旺文社 教育情報センター「2024 年私大入試、一般志願者微減。総合型・推薦型志向は続く」のデータを基に SB クリエイティブ株式会社が作成

いです！」とか、そういう生徒を積極的に取っていこうという考えです。

これからの大学はペーパーテストに強い生徒ではなく、そういう生徒を求めているということ。

ところが、こういう話をしても学歴信仰に取り憑かれている人たちはこう言います。「そんな制度ができてもそう簡単には変わらないでしょ。やっぱ王道は一般選抜だよ」。

でも驚くべきことに、私立大学における一般選抜での入学者は、総合型選抜の導入も進み、2024年には38・8%に激減。一般選抜はあっという間に大学入試の王道ではなくなってしまっています。

国立大学、私立大学ともに学校推薦型・総合型選抜の枠をさらに拡大していく方向に進んでいます。

つまり、高偏差値の進学校から一般選抜という道を選択した子たちは、より少ない枠を争う熾烈な競争をしなければならなくなるのです。

昭和の教育観を捨てられないと、子どもがバカを見る

でも多くの保護者はこういった事実を知りません。

だから、「偏差値や進学率の高い普通高校に進学して、そこから一般選抜でいい大学に行ってほしい。そうしたら大企業に就職できて将来安泰だ！」と考えるのですが、今の時代、そういうアドバイスはすべて裏目。

それが結果的に子どもの選択肢を狭め、わずかな枠を奪い合うような茨の道を子どもに歩ませることになってしまうのです。

大人世代は、特に進路については、自分が学生時代に得た情報が、今も同じだと思い込んでしまう節があります。たとえば、「○○大学なんてMARCHより下だろ」とか語っている中高年、居酒屋なんかで時々目にしますよね。そういう人たちは今の受

験事情を調べたわけでもなく、昔の感覚のまま語っていて、それが正しいと信じ込んでいるわけです。

だから、総合型選抜という新しい制度があって、今は一般選抜で受験する人なんて4割以下なんですよ！　と言っても、なかなか信じてくれません。

必ず「いやそうは言っても……」と言われます。

「そうは言っても大学入試は一般選抜が王道だ」

「どうせいい大学は受けられないでしょ？」

「受けられる人が限られてるんでしょ？」

などなど。

もう4割切っている時点で、王道ではありませんし、早稲田・慶應も積極的に総合型選抜をやっていますし、誰でも受けられるので、こういう懸念はすべて杞憂でしかない。と、一瞬で撃破できてしまうのですが、そこまで言ってもまだ納得してくれません（笑）。

それくらい親の世代は、自分たちが体験してきたことにとらわれてしまっていて、その枠の中で未来を考えてしまいがちということだと思います。

高校選びの段階でもそうです。

たとえば、今高校進学に際して『通信制』を視野に入れる生徒も増えています。でも保護者は通信制と聞くと、ほぼいい顔はしません。「いや、通信なんて……」「そんなのでまともに勉強できないでしょ」と言います。私が教員として勤務していた数年前ですらも、通信制高校に進学した教え子は年に1人もいないくらいでした。

ところがたった数年で状況は激変しています。現在、通信制高校の生徒は全国に約30万人（文部科学省「学校基本調査」令和6年度）。なんと現在の高校生の1割が通信制なのです。

こうなった背景には、コロナ禍を機にオンライン授業の環境が一気に整ったということや、不登校の生徒が増加しているという要因も影響しているでしょう。とにかく、世の中がコロナで大騒ぎしている数年の間に、教育制度も、環境も激変しているということです。

もちろん、子どものこととなると、多くの親が安全牌を取りたいと思うもの。そして、自分が思う『スタンダード』を勧めてしまうのも、そんな親心から……というのもよくわかります。

でも今の時代、就職に失敗しようが、数年間フリーターでフラフラしていようが、意外とやり直しが利くものです。

たとえば不登校や引きこもりで、家でひたすらパソコンをカタカタやっていた人が、20代半ばを過ぎてからプログラマーとして開花する。こんな話はいくらでもあります。

どこの会社も人材不足で困っていますから、そこから就職することだってできるでしょうし、そのままフリーランスとして起業することだってできます。

その気になれば個人のスキルで、いくらでも食っていける時代になっているのです。

授業料無償化で、私立も選択肢に

進路の選択の際に、公立か私立かで悩むケースは、かなり多いと思います。

ただしこれは大都市圏と、地方ではだいぶ事情が異なります。都市部では公立の方がちょっと『治安』が悪い場合もあり、お金持ちや学力の高い子は私立に進むことが多く、私立の方が難関。

一方で地方では公立志向がものすごく強く、私立は併願先でしかない。このような傾向はずっと昔からあって、今でもあまり変わっていません。

たとえば静岡県だったら、公立の普通高校から静岡大学に入って、そこから静岡県庁……なんていうのが、親世代からしたら王道コース。静岡に限らず、地方では保護者から「なんとか公立に入ってほしい」という声はよく聞きます。

しかし今の時代、地方だとしても、一概に公立の方が良いとは限らないのです。

多くの私立高校は経営に『切実感』があります。学校の評判が落ちれば、人が集まらなくなり、一気に経営が傾くからです。だから私立は、いじめに対する対応が速かったり、高校入学の際の相談にも柔軟に乗ってくれたりすることが多いのです。

たとえば何か持病や発達障害がある子でも、とても柔軟に、丁寧に対応してくれることが期待できます。

障害までいかなくても、人間関係が苦手だったり、過度に心配症だったりする子もいます。そういう子の場合、無理して公立を目指すよりも、事情を理解してくれて、配慮してくれる私立を選び、安心して学校に通えるようにしてあげた方が幸せなんじゃないかと私は思います。

だから公立志向が強い地方だとしても、子どもの幸せを第一に保護者ももっと柔軟に考えていくことをオススメしたいです。

ところが、受験シーズンの三者面談の時になると、毎年、保護者からこんな悲痛な声が上がります。

「先生、うちは私立なんて行かせるお金はないです。なんとか公立に合格させてください！」

でも実はこれも古い情報から来る勘違い。今は私立高校に通う生徒には授業料補助が出るので、私立でも授業料はほぼ無料なのです。

もちろん、「年収約590万円未満世帯」(家族構成によって基準の年収目安は変動)という所得制限もあるのですが、「うちはお金がなくて……」と言っている家庭でも、子どもを私立に通わせる選択肢ができたことは間違いありません。しかも東京都などは、さらに授業料の支援を推し進めており、2024年度から所得制限を撤廃して実質無償化を実施しています。

こういう情報も意外と知らない親が多いのです。

私立に行った方が、入試も早く終わるし、入学後も丁寧に面倒も見てもらえて、子どもも安心して過ごせる。しかもお金もそんなに変わらない。

公立に行かせて、塾に通わせるよりも、むしろ補習授業までしっかりやってくれるような私立に行かせた方が、かえって安上がりになる場合も多いのです。

このように、時代はドンドン変わってきています。20年以上前の感覚で子どもの未来を語るのはやめましょう。

アクティブラーニング――今の授業はどのように変わってきている？

「学校の先生の授業はつまらない！　先生が1人でボソボソしゃべりながら板書して、生徒はノートに写すだけ。YouTube の方がよっぽどおもしろいしタメになる」なんて、したり顔で批判しているコメンテーターを時々見かけます。

そういう批判を目にするたびに、この人たちは実際に授業を観に行ったこともないんだろうなと思います。

実は今、学校の授業も変わっています。

今の学校では、そんな『昭和的な授業』だけをやっている先生はいません。むしろ、先生が1人でしゃべっている時間が長いと、管理職に「しゃべりすぎ」と叱られてしまいます。

もちろんいまだに昔の授業のイメージから抜けきれていない教員も中にはいますが、ほとんどの教師は、新しい時代の学びに対応できるよう、日々授業改善に努めています。

今の学校で推奨されている学びは、『主体的・対話的な深い学び』です。少し前には『アクティブラーニング』という言葉がさかんに使われていました。

従来の暗記中心教育じゃなく、生徒が興味を持って、みんなでディスカッションしたり、一緒に作業したりしながら考察を深め、生徒自身の手で答えを見つけていく。そのような授業をしなさいということです。

「はい、教科書の何ページを開いて。縄文時代と弥生時代の特徴はこうです。ここはテストに出るので覚えましょう」という授業じゃなく、「縄文時代と弥生時代の違いについて調べて、『どちらの時代の方が幸せだったか？』グループごとに発表してみましょう」みたいな感じです。

その活動の過程で、縄文時代と弥生時代の特徴を理解し、他のグループの発表を聞いて新たな気付きを得て思考を深め、コミュニケーション能力やプレゼン能力を高めたりする。そういう授業に変わってきているのです。

このように、今の学校では知識を詰め込むのではなく、考える力や、問題解決能力が重視されるようになっています。そして私は現役の、プロYouTuberとして断言します。YouTubeはおもしろく知識を伝授するのは得意かもしれませんが、アクティブラーニングには不向きです。

つまり「学校の授業なんてつまらない。YouTubeで十分」なんて言っている人は、そもそも学習に対する考え方が古く、想像だけで批判している人たちだということです。じゃあ、YouTubeでアクティブラーニングのお手本見せてくださいよと思います。

今の時代、知らないことは検索したり、ＡＩに訊けば一瞬で答えがわかってしまいます。だから、ただ知識を詰め込むような教育をしても、もう意味がないのです。

それよりも、学びたいと思う意欲や、学びに向かう姿勢、考える力、問題解決能力などを高めていかないと、ＡＩ時代に生き残れない。それに合わせて授業も変わらなきゃいけない。

学校教育は今、大きく舵を切っているのです。

みんなが勘違いしている「内申点」の意味

受験シーズンになるとよく話題になる『内申点』と『内申書』。

『内申点』という謎の点数があって、先生が裏でそれを操作できる。悪いことをしたら内申書という機密文書にコッソリ書かれてしまう。

……そう思っている人も多いかもしれませんが、実はこれは大きな勘違いです。

まず内申点というのは、基本的には成績（評価）の合計点のことを一般的にそう呼んでいるだけです。いくら担任でも、生徒の成績をコッソリ書き換えることなんてできませんよね？　だから、悪いことをしたから内申点が下がるなんてことは100％ないのです。

また、生徒から「部活辞めたら内申点下がりますか？」「生徒会やってたら内申点上がりますか？」と訊かれることもありますが、ハッキリ言いましょう。それもありません。

たとえば部活を辞めたとして、なんの成績が下がるんですか？　下がらないでしょう。

　そして、内申書というのは、謎の機密文書ではありません。正式には『調査書』と言います。インターネットで『調査書』と検索してみてください。実際の調査書の書式が出てきます。

　つまり、謎の書類ではなく、どんな項目があるのか、全公開されている公文書なのです。もちろん、公文書なので、情報開示請求すれば（＝見せてと言えば）、内容を見ることもできます。だから、生徒の悪口も書きません。

「この子はいじめをしていた」とか「授業中に居眠りしている。宿題も出さない」なんて書いてあったら、それを保護者や生徒本人に公開することなんてできませんよね。

　昔は脅し文句として「そんなことしてると内申に響くぞ」みたいなことを言う先生が実際にいました。今でもいるかもしれませんし、保護者がその言葉を信じて思い込んでいることもあるでしょう。

　しかし、これはまったく事実ではないのです。

　昔の噂を信じて、子どもに「部活辞めたら内申下がるよ」「生徒会やれば内申上がる」などとアドバイスするのはやめましょう。

●まとめ●

保護者への本音

・理不尽なクレームは悩みの種

・一緒に子どもの成長を支えていきたい

子どもの未来を守るために……

保護者にお願い

・学校に怒鳴り込まないで！

・古い情報で子どもの進路を決めず、教育観をアップデートしよう

社会に求めること

・みんなもう学歴信仰は捨てよう！

・塾と学校は目的も学力観も違うことを理解してほしい

コラム1

わがままなクレーム対応にウンザリ

コラムでは、本書の執筆にあたって私が現役の教師のみなさんに行ったアンケートを基にして、現場の教師のさまざまな本音をご紹介します。

コラム1では、保護者からのクレームについて取り上げます。

モンスターペアレンツの問題には、やはり多くの先生が悩まされています。学校の現場での困りごととして、『理不尽なクレーム』を挙げた先生も少なくありません。

全部学校のせいにするクレーマー

「子どもの話を鵜呑みにして文句を言ってくる」

「保護者の理解を得られないような場合、子どもがどんなに学校で暴れていても態度が悪くても、なかなか改善されません。全部学校任せにされているような気分になることもあります。そのときは本当にやる気もなくなります。その上、クレームが来るとなれば本当に困ります」

一緒に子どもを育てていくパートナーであるはずの保護者が、協力もしてくれず、「うちの子が悪いって言うんですか?」などとクレームを言ってくる。何でもかんでも学校、あるいは教員のせいにされてしまうこともあるとのこと。

それでは先生方も気が滅入ります。

クレーム対応の窓口が本当に必要な状況になっている

クレーマー気質の保護者への対応は、学校によってばらつきがあります。現場の教師に任せきりにせずに管理職がきっちり対応する学校もあれば、一方で管理職が何もしてくれないような学校もあるのです。

後者の場合、先生方が心を病むようなことにつながります。

私自身は、民間企業のカスタマーセンターのような窓口をつくって、そこで一括してクレームや相談を受け付けるようにするのが理想的だと思っています。現場で働く先生方も同じように思っている人が多いようです。

「年々悪質化するクレーム。無料で際限なくサービスを要求できる構造は法的な力で変えるしかないのでは？」
「保護者のクレーム対応は専用の部門をつくってほしい」
「各学校に、スクールロイヤー（法務担当者）を入れてほしいです。学校の立場がすごく弱いので、トラブルや万が一のことがあった場合に教員を守ることができる立場の人がいてほしいです」

私も現場で多くの理不尽なクレームに悩まされましたが、これらの声はもっともだと感じます。

中には「学校に警察官を配置してほしい」という回答もあり、荒れた学校の先生方の大変さが窺《うかが》えました。

第2章 学校現場の本音

教師が足りない！　集まらない！　壊れはじめた学校

深刻すぎる教員不足の実態

「教員採用試験が定員割れ!?」

「先生が４７００人足りない！」

「メンタルで休職の先生が過去最多」


今、学校現場は教員不足でてんやわんやの状態です。

ニュースやＳＮＳでも毎日、驚くような見出しを見かけるようになりました。

「今の学校大丈夫？」

「教員ってやっぱブラックなんだな……」

「やっぱり子どもは私立に行かせた方がいいのかしら……？」

と、心配になる人も多いですよね。

実際、今、教員不足はとてもとても深刻な状況です。

この話をするとみなさんビックリするんですが、

「4月になっても技術の教科担任がいない！」

……なんてことは、よくある話。新年度あるあるなんです。

技術の先生が転出したのに、新しい技術の先生が着任しませんでした。今年、技術の先生が1人もいないみたいなことがよくあります。

がんばればなんとかなることなら、先生方はがんばって対処しようとするのですが、それはさすがになんともならないですよね？　だって誰も教える人がいないんですから。

こういうのは私が教員になった当時からよくあったことで、私が経験しただけでも、5、6回はありました。

もちろん最初に経験した時にはさすがに私も驚きましたよ。

それで教務主任の先生に訊いたんですね。

「え、技術の先生がいなくて、授業はどうするんですか？」と。

すると教務主任は、ちょっとだけ困った顔をして、

「ねぇ……どうするんだろう。まあ、時々あるんだけどね」

と答えたのです。

もうビックリ。教務主任は時間割を決める担当者です。その教務主任ですらも、どうなるか見通しがもてないような状態で、新年度がスタートしているのです。しかも教務主任も、そして他の先輩教員たちも、別にそれほど非常事態という感じでもなく、淡々と新年度の準備を進めているんです。よくあることなので、みんな慣れっこになってしまっていたんですね。

私が教員として働き始めたのはもう20年ぐらい前の話。

教員が足りないというのは最近になって始まったことではないんです。実はその頃から、毎年毎年、教員は足りていなかった（むしろ万全な体制で新年度を迎えられた年の方が少ないくらい（笑））。それが最近になって事態はさらに悪化していき、いよいよ世間の知るところとなってきた。これが教員不足の真実です。

全教・教組共闘連絡会の調査では、34都道府県11政令市で4739人の教職員未配置（教員未配置は4714人）が起こっていることが明らかになりました（「教育に穴があく（教職員未配置）」実態調査結果（2024年10月1日時点））。本来必要な教員が4700

人以上も足りない状況になっているのです。

中学校の場合、先生1人あたり、20〜300人ぐらいは教えていますから、9万〜140万人の生徒が教員不足の影響を受けていることになります。

文科省も、もちろん教育委員会も少なくとも数年前からはすでにこの現状を認識していいます。それなのに抜本的な対策が打てていないことにビックリですよね。


なぜこういうことが起こるのか？

まず第一の理由は少子化。現在、生徒数が減少しているからです。教員の配置数って、生徒の人数に応じて、決められるんですね。だから生徒数が減ると、どうしても教員の配置数も減ってしまう。それは少子化が進んでいる現在において、仕方がないことなのかもしれません。


臨時講師も見つからないギリギリの年度初め

でもちょっと待って、と。

人が少なくて忙しいだけならまだ許せます。

でも、技術や美術など、学校で1人しかいない教科の担当の先生が着任しないのは、さすがに困るでしょ。

「じゃあ誰が技術を教えるの？」という話です。

そうなったらどうするかというと、まずは、その教科の臨時講師（非常勤講師）を探すんです。

ところが、それがなかなか見つかりません。

ご存じの通り、ただでさえ教員になりたい人が年々激減しているこのご時世。そんな中で、4月時点でたまたま無職で、臨時講師という過酷で不安定な職に就きたいという教員免許保有者がどれだけいるでしょう？

しかも、さらにひどいことに、臨時の代替教員を探すのは、学校ごとにやらないといけないんです。教育委員会は講師登録した人のリストを持っていて、一応、そのリストから紹介してくれたりはします。

でも、ただでさえ教員が足りない時代ですから、リストに登録されている人なんて、もうほとんど赴任先が決まっているんですね。結局、そこから紹介してもらえることはほとんどありません。

だから探すのは学校ごと。教頭が必死になって探し回るハメになります。

昔の知り合いのツテをたどって、もう引退して10年も経つような先生にまで、ひたすら電話をかけまくります。教頭が汗を拭きながら「なんとか来てもらえませんか？」と、電話越しに頭を下げている……そんな光景は年度当初の風物詩。

教師不足は、そこまでヤバいことになっているのです。

教員不足を誤魔化す究極の裏技『免許外教科担任制度』

それでも、どうしても代わりの講師が見つからない場合もあります。

そういう時どうすると思います？

実はそういったピンチを乗り切るための、すごい裏技があるんです。

それは、『免許外教科担任制度』。

これは、その教科の教員免許を持っていない教員が、専門外の教科の指導をすることを教育委員会が臨時的に認めるという制度です。

つまり教育委員会が許可すると、他教科の先生でも技術科を教えていいことになっちゃうんです。ビックリですよね。

私も、「今年度は技術の先生が見つからなかったので、体育の山田先生に臨時で技術を受け持ってもらうことになりました」と校長が発表した時には、思わず「えー!?」と声をあげてしまいました。

「そんなのホントにアリなの?」と思いますよね? 私も思いました。でも、これはもうずっと前から行われている手法です。

そうやってその年度をなんとか乗り切る。まさに究極の裏技なのです。

この制度は、本来は緊急事態として欠員が出た時や、過疎地の学校で教員がどうしても足りない時に、有効期限1年という条件で、緊急措置として使われるものでした。

でも、現在、この制度が、教員不足を補うために使われたり、教員の業務量の偏りを是正するために使われたりしてしまっているのが現状なのです。

たとえば、美術、家庭科、技術など、授業時数が少ない技能教科の先生が、臨時で英語や数学を教えるなんてこともあります。これは20年以上前からありましたし、もちろん今でも日常的にあることです。

本来、授業というのは、教員免許を持った教員が行わなければいけないものです。でも、免許外教科担任として認められた教師が授業をすることで、生徒はその教科のカリキュラムを履修したことにされてしまいます。

ただしその授業の質は、まったく保証されていません。教育委員会は、申請書類のチェックはしますが、その授業の質のチェックはしないからです。

そもそも臨時の先生は、その教科の専門性なんてまったくないのです。もしかしたら、近所のおじさんが趣味で教えているのと、同じようなレベルかもしれないのに……。それでもこの制度を使うことで、その教科をちゃんと履修したということになってしまうのです。

でも、教員の立場からすると、臨時で授業をさせられる側も大変なんですよ……。だって専門でもなんでもない教科を教えるんですから。授業の準備や計画もすべてゼロからです。

何をどう教えればいいのかもわかりません。右も左もわからない中で、毎時間のプリントをつくったり、テストを作ったりするんですよ？　自分の本来の教科の準備よりも、よっぽど時間がかかります。

マジメにがんばってやろうとする先生はまだ良い方で、中には手を抜いて毎回、ワークブックをやらせるだけとか、動画を見せるだけで乗り切っている先生もいることでしょう。

そしてその一番の被害者は生徒ですよね。ちゃんとした授業が受けられないんですから。

教育を受ける権利というのは日本国憲法で保障されている権利です。

生徒には教育を受ける権利があります。だから、国や自治体は責任を持って、教育を受ける機会を、平等に提供しなければいけないはずです。

専門の先生から教えてもらえる生徒と、専門の先生がいない生徒。明らかに平等じゃありません。

実際、免許外の先生が英語を教えたりすると、「2組の先生は専門じゃないからちゃんと教えてくれない。うちの子のクラスは他のクラスより平均点が低い」と保護者からクレームが来ることも、けっこうあるんです。

教育委員会も学校も、こういう状況を知りながら、ずっと前からなんとか誤魔化しながらやりすごしている。それがずっと続いている教員不足の現状なのです。

憧れの職業からの転落

私が教師になった時、祖母も母も泣いて喜びました。もう今から20年ほど前の話ですが、近所の人にも自慢していたくらいです。

その頃は同級生や親戚など、会う人会う人に「先生なんてすごいね」「将来安泰だね」と祝福されたものです。それくらい、昔は教師といえば『憧れの職業』でした。

ところが、ここ最近では「中学校で教員をやっていました」と言うと、「それはそれは……さぞ大変な思いをされたでしょうね……」と、まるで激戦地から戻った帰還兵のような扱いをされます。つらすぎます（笑）。

教員として10年ちょっと教壇に立った後に私は、教員を辞めて、今では教育系YouTuberとして活動しています。

私の動画を見てくれる視聴者の大半は中高生。10代の若者たちから毎日のようにたくさんのＤＭが届きます。

私がYouTubeを始めた２０２０年ごろは、まだ元教師YouTuberが珍しかったのもあって、

「先生になりたいんですが、どうしたらなれますか？」

「先生になるために今からしておいた方がいいことを教えてください」

……というような質問がたくさんきました。ところが、ここ最近ではそういう質問はめっきり減ったように感じています。

一方で、

「先生になりたいんですけど、やっぱり大変ですか？　オススメしないですか？」というような質問はとても増えています（笑）。


この変化はさまざまな調査結果を見ても明らかです。

昔は教師といえば、『子どものなりたい職業ランキング』の上位常連の人気職業。スポーツ選手、宇宙飛行士などと並んで必ずランクインしていたものです。

そりゃそうですよね？　だってまだ社会に出たことがない子どもからしたら、知っている職業といえば、両親の仕事か、学校の先生ぐらいしかありません。あとは芸能人やお医者さんくらい。だからこれは当然と言えば当然のはずでした。

でもなんと……最新のランキングを見ると、教師はランク外……！

悲しすぎます。子どもとの接触頻度を考えると、他の職業に比べて圧倒的優位なポ

中学生が将来なりたい職業

2009年

中学生男子

1位	野球選手
2	サッカー選手
3	芸能人
4	学校の先生
5	調理師・コック
6	研究者・大学教員
	医師
	公務員
9	ゲームクリエイター ゲームプログラマー
10	大工
	コンピュータープログラマー システムエンジニア

中学生女子

1位	保育士・幼稚園の先生
2	芸能人
3	ケーキ屋さん・パティシエ
4	看護師
5	マンガ家・イラストレーター
6	デザイナー ファッションデザイナー
7	動物の訓練士・飼育員
	理容師・美容師
9	学校の先生
10	医師

※中学生（n＝3917）

2024年

中学生男子

1位	YouTuber などの動画投稿者
2	公務員
3	会社員
4	IT エンジニア・プログラマー
5	ゲームクリエイター
	社長などの会社経営者・起業家
	ゲーム実況者
	プロスポーツ選手
9	プロｅスポーツプレイヤー
10	歌手・俳優・声優などの芸能人
	ロボット開発技術者

中学生女子

1位	歌手・俳優・声優などの芸能人
2	絵を描く職業（漫画家・イラストレーター・アニメーター）
3	デザイナー（ファッション・インテリアなど）
	医師
5	保育士・幼稚園教諭
6	看護師
7	公務員
	美容師
9	会社員
	YouTuber などの動画投稿者
	動物園や水族園の飼育員
	文章を書く職業（作家・ライターなど）

※男子中学生（n＝100）、
女子中学生（n＝100）。
複数回答形式（3つまで）。

出典：（上）ベネッセ教育総合研究所『第2回子ども生活実態基本調査』（2009年）、（下）ソニー生命『中高生が思い描く将来についての意識調査2024』のデータを基にSBクリエイティブ株式会社が作成

採用倍率の推移

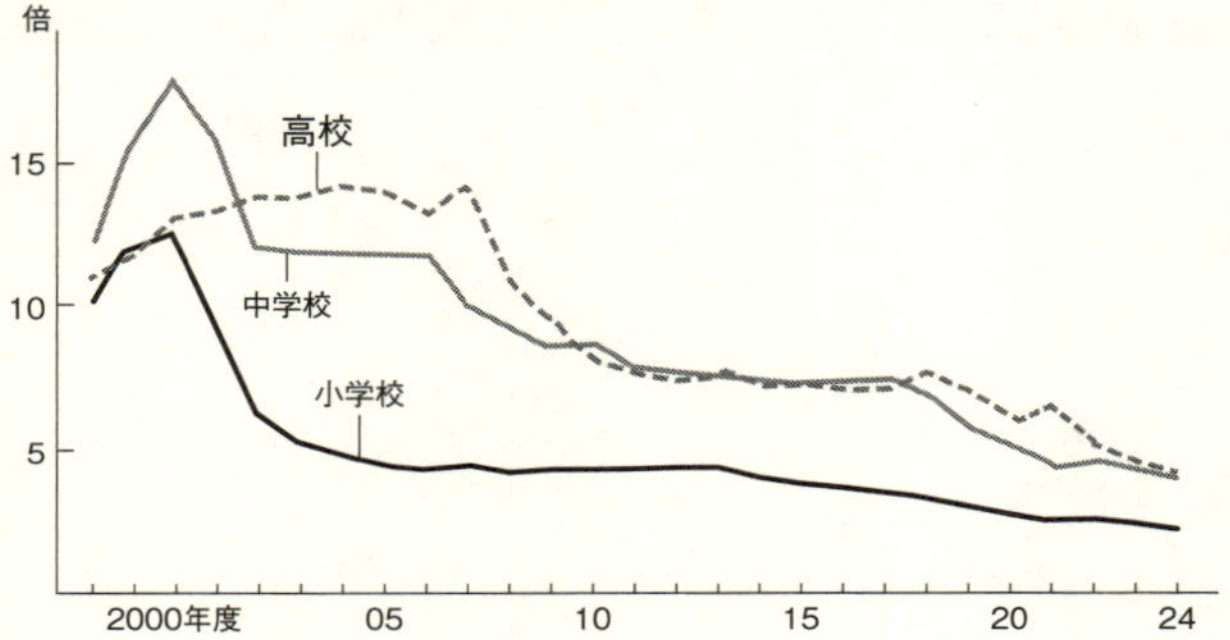

出典：文部科学省「公立学校教員採用選考試験の実施状況」のデータを基に
SB クリエイティブ株式会社が作成

ジションにあるはずなのに……です。

今では教師は、子どもたちの憧れの職業ではなくなってしまったようです。残念ながらこれが悲しい現実なのです。

ただ、これも当然と言えば当然の話ですよね？

資本主義社会では、給料が安くて、労働条件も悪い職業は成り手が減少するのが、絶対法則。優秀な人材が集まらなくなります。だから優秀な人材を集めたい雇用主は、良い給料・高待遇を用意する。これが資本主義の当たり前です。

でも先生は、安月給、低待遇のまま。そりゃこうなりますよって話です。

教員採用、定員割れがヤバすぎる

教員採用試験の倍率から、先生という仕事の人気が低迷しているのがよくわかります。

私が教師として働きはじめたとき（2004年）は、中学校の倍率は11・8倍。私は音楽の教師でしたが、教科や校種によっては倍率がもっともっと高いこともありました。だから実際、教員になるってすごいことだったんです。

ところが今では、教員採用試験の倍率は暴落状態。2024年の小中高などを合わせた全国平均では3・2倍。これは13・3倍だった2000年に比べて、4分の1以下です。

東京都に限ると、1・9倍を記録しています（文部科学省「令和6年度（令和5年度実施）公立学校教員採用選考試験の実施状況のポイント」より）。

これは、中高年世代の大量退職や、少人数学級制導入のために採用数を増やしている影響だと教育委員会、文科省は言っているのですが、辞める人に対して、なりたい人が足りない状況には変わりありません。

そんな中、熊本市では2024年に実施された教員採用試験で、採用予定数314

人に対して合格者数262人。ついに定員割れを起こすという事態にまでなってしまいました（教育新聞「熊本市の教員採用試験、52人定員割れ　初めて追加募集を実施」2024年10月3日）。

この緊急事態に熊本市教育委員会は『追加募集』の試験を実施したのですが、それでもまだ定員割れ。採用予定数に届かないというビックリするような状態におちいっています。

これは就職氷河期世代（いわゆるロスジェネ世代）の私たちからしたら、とても信じられないような状況です。

私たちが大学生の時には、みんな必死の思いで教師を目指していたんですよ？　教員は安定した、食いっぱぐれのない仕事なので、人気の職種だったんです。

それが今ではここまでしても人が集まらないなんて……。

ちなみに熊本市教員採用試験の人気低迷には、裏話があります。熊本市は2024年3月に、今後の部活動のあり方について『地域移行』を見送ると発表したのです。地域と連携はするけど、学校とは切り離しませんという独自方針でいきます、と。

部活動の負担の大きさについては後述しますが、この発表について、SNS上では

「時代に逆行している」「熊本市では絶対に働きたくない」などの声が湧き上がりました。

SNSでの口コミに敏感なZ世代がこういった動きに反応したのが、定員割れにつながったのではないか？　と私は考えています。

合格者の7割が辞退!?　教員採用試験の前倒しは大失敗

また高知県では教員採用試験合格者の7割が採用を辞退するという異常事態も起こっています。なんと280人中204人が辞退したそうです。そんなことってありますか？　と、耳を疑うような話です（NHK高知 NEWS WEB「高知県教委　小学校教員採用試験で合格者の7割超が辞退」2024年11月7日）。

ちなみにこのビックリニュースにも裏話があるのです。

通常、教員採用試験は7月に実施されるのですが、ここ最近の倍率低迷を受けて、文部科学省が「そうだ、教員採用試験の実施時期を前倒ししよう！」という謎のアイデアを打ち出してきたのです。

それを素直に、迅速に実行し、6月に教員採用試験を実施したのが高知県。そしてその結果がコレ……。裏目に出すぎです。

なぜこうなったのかというと、のちに他県の教員採用試験を受ける人たちが『予行演習』『すべり止め』として、高知県の教員採用試験を受験したからです。そして、その後に行われた本命試験で合格した人たちがこぞって採用辞退。

結果、7割辞退という異常事態を引き起こしてしまった……ということではないか？　と推測されています。

次世代へのバトンを断ち切った『＃教師バトン』

裏目に出たと言えば、『＃教師バトン』もそうでした。

この企画が、教職がいかにブラックであるかを世間に広く知らせるキッカケになったと言っても過言ではありません。

教員採用試験の人気低迷を打開しようと、2021年3月に文部科学省が「教員のみなさん、ＳＮＳで教師の魅力を発信してください」と、『＃教師のバトン』というキャンペーンを打ち出したのです。

しかし、それが文科省の意図とは真逆の方向に暴走してしまいます。

「魅力が伝わってないんじゃなくてブラックすぎるだけ」

「その前に、過酷な労働条件を改善して」

「休憩時間もなく、トイレに行く時間もありません。ぼうこう炎になってしまいました」

「毎日12時間以上の勤務、土日も部活。ブラックすぎる」

など、ネット上で現役教師たちの不平不満が爆発して大炎上。一大ネガティブキャンペーンになってしまったんです。

次世代に教師のバトンをつなごうという思いが込められたこのキャンペーンは、逆に教職のブラックすぎる実態を世に知らしめてしまうことに……。むしろ、次世代へのバトンを断ち切るような施策になってしまうという悲しい結果でした。

無免許教員1万人!?　SNSで教師を募集する自治体も

文科省だけでなく、市町村も教員志望者を増やそうと必死にがんばっています。たとえばパンフレットを作ってみたり、YouTube の動画を作ってみたりして、なんとか教師の魅力をアピールしよう、というような試みをしているのです。

でも、そのような努力も今ひとつ成果にはつながっていないのが実情。現場で必死に働いている教師からすると、魅力を伝えたり、試験の時期を変えたりする前に「なんで教師になりたい人が減っているのか？」をもっとちゃんと考えてほしい……というのが本音でしょう。

市町村によっては、教員採用についての説明会を開いたり、ＳＮＳやウェブ広告で「〇〇町の教員募集！」と打ち出しているところもあるくらいです。教育委員会がＸの投稿で教員を募集しているんですよ（笑）？

教師が憧れの職業で、放っておいても応募が殺到していた数年前までは、絶対に考えられなかったことです。

しかも、それらの中には「教員免許なしでもＯＫ」と言い出しているところもあります。これは応募してきた無免許の教員志望者に、教育委員会が『臨時免許』というのを発行して、教壇に立ってもらうという奥の手。

この臨時免許というのは、教員免許を持っていない人に対して、教育委員会が臨時的に免許を発行、最長3年、教員として授業を担当できるようにする、という制度です。これはたしかに制度的に認められたものではありますが、臨時免許とは言って

臨時免許の内訳

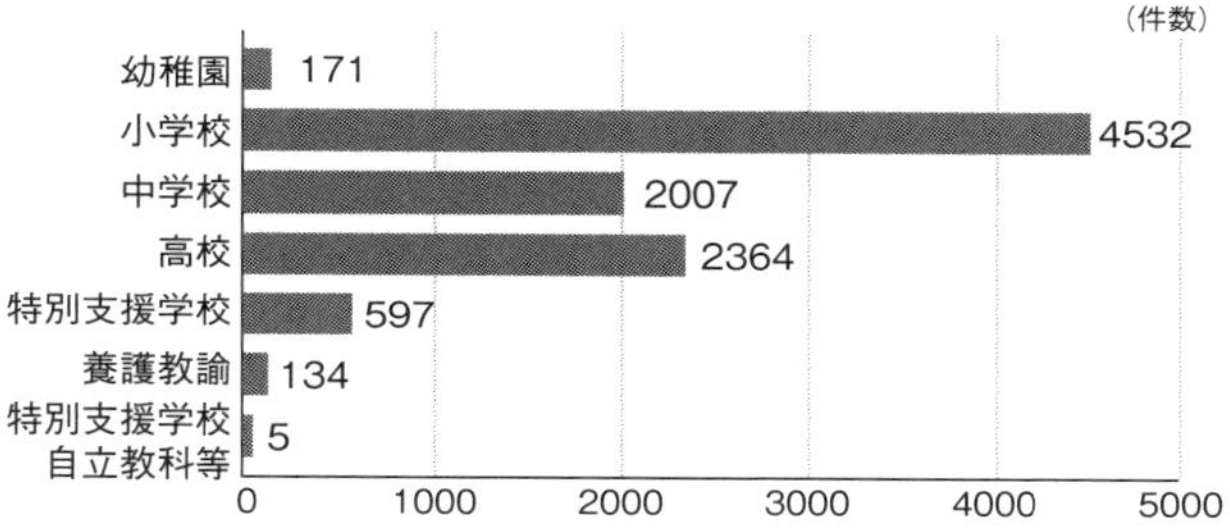

出典：文部科学省「令和５年度教員免許状授与件数等調査結果について」のデータを基に
SB クリエイティブ株式会社が作成

も、ほぼ無免許と同じですよね。

これが今や教員不足解消の切り札になっていて、なんと全国で1万件近くも発行されているというのです。ざっくり試算すると、全国で30万～200万人もの生徒がほぼ無免許のような教師から授業を教わっていることになります。

もう教員不足を打開するためにはこんな奇策を打ち出すしかない状況なのかもしれません。しかし、これについても現役教師たちからは「じゃあ教員免許の存在意義ってなに？」というような批判の声が上がっています。

そりゃそうです。今まで、正規の教員として勤めている人たちは、多大な労力と時間とお金をかけて、教員免許を取得してきた人たちです。

その上で熾烈な競争を勝ち抜いて、必死の思いでなんとか教職に就いたのです。「教員免許なしでOKなら最初からそう言ってくれよ」と思うのも無理もありません。

先生は減っても行事は減らない

教員不足の現状に輪をかけて、現場の教員を苦しめているのが業務量の多さ。もうとにかく、とにかく忙しい！　働けど働けど仕事が終わらないぐらい、過重労働なのです。

教員が全然足りていないのに、業務量はまったく減らない。だから、一人の教師が抱える仕事は逆にドンドン増えているのです。

なぜそうなるかというと、新しい施策が毎年増えていく一方で、減ることは少ないから。「去年までやっていたことは、今年も当然やる」というのが、教育現場の基本スタンスなのです。

民間企業の場合、経営者が常にコスト削減に目を光らせているため、無駄な業務はドンドン削られていきます。しかし、学校というのは毎年新しい行事、新しい業務が増えていきます。意味があるのかないのかわからない業務も含めて、です。せめて毎年、ゼロベースで見直ししてくれればいいんですが、やめるかどうかの検討はほとんど行われません。

学校や行政というのは、新しいことを始めるのは得意なんですが、逆にやめるのはとても苦手なんです。補助金を思い浮かべてもらえるとわかりやすいと思うんですが、新しく始めたらみんな喜びます。でも今までもらえていた補助金が急に打ち切られたら、たぶんクレームが殺到しますよね？

学校も同じ。たとえば、去年までやっていた行事をやめるのはとても難しいのです。やめようとすると、生徒や保護者、場合によっては地域住民からも猛反対に遭うから。

たとえば、それまで毎年やっていたマラソン大会を「今年からやめます」と言うと、

「去年までやっていたのになんで!?」

「うちの子はマラソン大会しか楽しみがなかったのに」

「○○中の伝統を潰す気か!?」

……などと、生徒や保護者からものすごいクレームが殺到します。

たとえ最初は、誰かが思いつきで始めたような企画や行事でもそう。2～3年もや

っているといつの間にか『伝統』になってしまう。それでやめるにやめられなくなってしまった……。「誰がこんなこと始めたんだ!?」なんてことがよくあるんです。

もちろんマラソン大会というのは一例。

行事やイベントなんて、今みたいに少子化が進んで先生も減ったら、昔と同じようにはできない。そんなのちょっと考えたらわかりそうなもんですよね？

ところが、生徒や保護者から「なくなるのは寂しい」「楽しみにしていた子どもがかわいそう」と言われてしまうと、先生としては無慈悲に無くしてしまうのは心苦しくなります。これはもう感情の話なので、理屈ではないんですね。

やめるにやめられない部活動

やめるにやめられない教育活動、その最たるものが部活動です。

中学・高校の先生方の長時間労働の原因は部活です。部活の負担が、教師の首を絞めている。こんなに明白なことはないのに、それでも何十年もの間やめるにやめられないまま、みんなで我慢しているのです。

もちろん、部活が好きな教員もいます。でもやりたくないと思っている教員が圧倒的に多いのです。2024年に山口市で実施された部活動地域移行についてのアンケートでは、なんと中学校教員の66％が「報酬が支払われても部活に関わりたくない」と回答しています。部活文化が根強い傾向がある、地方でもこんな状態なのです。都市部の教員、若い世代の教員はもっともっと意欲は低いでしょう。

お金をもらってもやりたくないくらい部活は負担なのです。

負担の原因のひとつには教員不足があります。部活の数に対して、顧問の数が見合っていません。昭和のベビーブームの頃にできた部活が、今もそのまま残っている学校も多いからです。当時は生徒も教員もたくさんいて、部活や行事などいろんな教育活動がドンドン拡大されていった時期でした。

ところが今では同じ学校でも、生徒数も、教員の数も半分くらいに減ってしまっています。

でも学校としては、部があるからには、すべての部に顧問を付けなくてはなりません。

当然、部員数だって昔の半分。下手したら1人とか2人しかいないような部もあるのですが、それでも顧問は必要なんです。

こういう話をすると「昔は顧問なんていなくても自分たちで活動していた」という人がいます。でもそれは、それでもなあなあにされて許されていた、というだけの話。今の世の中ではそんなのは絶対に許されません。たとえば、活動中に事故があったときに、「生徒が勝手にやっていたので知りません」で済むわけがないのです。

そんな状況なので、当然、現場では、

「部数を減らすべき！」

「何部を廃部にするか？」

「どうやって削減するか？」

と、毎年のように議論が繰り広げられています。

ところが、これがめちゃくちゃ大変。

部活をなくすというのは本当に茨の道なのです。必ず生徒、保護者、地域住民から猛烈な反対を受けるからです。

「なぜ地域住民が反対するの？」と疑問に思う方もいるでしょう。

でも実際に、「伝統ある○○中学校の野球部を潰す気か!?」と、怒鳴り込んでくる地域住民がいるんです。私は今まで何校かで部数を減らす業務に携わってきましたが、ほとんどの学校でそういう光景に立ち会いました。

そのせいで部員数がたった1人でも廃部にできないこともあるんです。部員が3人しかおらず、試合もできないサッカー部でも、です。その子たちのことを考えてもクラブチームに行かせてあげた方がよっぽどいいと思うのですが、それでも廃部にしようとすると、ものすごい反対運動に遭いました。

そこで何年もかけて保護者や地域住民を説得し、まず廃部を予告して、募集停止して……ようやく5年かけてひとつの部をなくす……。そんな手続きを丁寧に丁寧に踏んでいかなくてはいけないのです。

生徒数も、教員数も減っている。でも、部活も減らせない。

じゃあどうしているか？　というと、教頭が副顧問をするなどして、ギリギリしのいでいるんです（笑）。

私が勤務した学校でも、教頭が野球部の副顧問だったり、陸上部の副顧問だったりしたことがあります。バスケ部の顧問が、卓球部の顧問を兼任するなんて当たり前。

中には保健室の先生（養護教諭）が副顧問、それでも足りなければ校長がコッソリ代理を務める……なんてこともあるくらい。これはもう奥の手ですよね（笑）。

一昔前だったら、たとえば生徒会担当の先生はその仕事がメインで、他は大きな仕事は任されませんでした。でも今は生徒会担当が、体育祭担当も兼任して、サッカー部の主顧問も、中体連（日本中学校体育連盟）の役員もしている……なんていうのは、もう当たり前になってしまっています（ブラック部活問題については、本章の後半と、第6章でも詳しく解説しています）。

ドンドン増えていく目的不明な仕事

生徒が減っている、教師も減っている……そのような状況の中でも、業務は減るどころか、雪だるま式にドンドン増えています。

特に負担に感じるのは毎月のように送られてくる教育委員会や文部科学省からのアンケート依頼。現役の先生方への聞き取り調査の中でも、「管理職が断ってほしい」という声が数多く上がっていました。

アンケートを実施するだけならまだしも、集計までさせられることもあります。本来、官公庁や自治体の調査・集計なんて、教員の仕事ではありません。きちんと予算や、時間・人員を確保してやるべきこと。それをタダ働きさせることができる教員たちに、無理やり代行させているわけです。

たとえば、「家で1人で食事をしている子がどれぐらいいるか？」を調べるという『個食についてのアンケート』。

今日は朝ご飯を食べましたか？（はい・いいえ）

誰と食べましたか？（1人・親と・兄弟と、など）

週に何度家族と食事しますか？　……というようなものです。

文科省や教育委員会から、そういう調査が毎月のように送られてきます。

先生方は「そんなの自分たちで勝手にやってくれよ」とボヤきながら、部活が終わった18時過ぎに集計作業をしているわけです。

いじめの実態調査や、不登校の実態調査なんかもそうです。何の役に立つんだろうと思うような調査やアンケートを何度もやらされる。

いや、いじめや不登校だったらまだわかります。個食やあるいはSDGsについて生徒がどれくらい理解しているか？　という調査なんて、急にやれと言われても、ただでさえ業務はパンパンなんですから……いつやるの!?　今じゃないでしょ？……と思います。

その作業が自分たちの教育活動の役に立つならまだ許せます。でも調査結果がどこでどう役に立ったのかは、ほとんどの教員は知りません。

しかも、ちょっと想像してほしいのですが、こっちが相手にしているのは反抗期まっただ中の中学生。そんなアンケートを渡されても、マジメにやるわけがありません。「は!? 何これ?」「こんなのやって意味あんの?」「早く部活行きたい～い」などと言われながら、なんとかやってもらっているわけです。

教員がそこに時間と労力を割くということは、別の業務や教育活動を圧迫しているということ。最終的にその被害を受けるのは回り回って、生徒です。アンケートの集計に20分かかったら、授業の準備をする時間が20分減るのですから。

だから現場も、無茶な依頼はキッパリと断ることが大切です。

SDGs教育も人権教育もやった方がいいけれど

あとは、急にはじまる「○○教育」。これにも現場では悲鳴が上がっています。

たとえば、人権教育、金融教育、税の教育、環境教育、SDGs教育、食育、平和教育、消費者教育などなど。そういうのが、ある日突然始まるんです。

教育委員会からいきなり大量のパンフレットが送られてきて、教頭が「教育委員会からの指示で、各学年で授業を実施するようにとのことなので……」と、申し訳なさそうにそれを配付。教師自身もよくわかっていないままに、パンフレットを見ながら授業をしなければならない……なんてことはよくあります。

たしかにSDGsは大事です。食育も、人権教育も、金融教育も、税の教育だって大事でしょう。どれもやらないよりはやった方がいいことには間違いありません。

そこで重要になってくるのは、「やった方がいいことをドンドンやろう」という精神じゃなく、優先順位を付けて精選していくこと。残念ながら時間は有限です。暇であればまだしも、現状でも時間が足りていないのです。

消費者教育もプログラミングも環境教育も、学ばないよりは学んだ方が絶対にいいに決まってます。マラソン大会だってベルマーク集めだってそう。やらないよりはやった方が絶対にいい。

でもそうやって無限に業務を肥大化させていくと、一番大切なことに時間を使えなくなってしまいます。

一番大切な時間とは、教師と生徒が向き合う時間です。

たとえば放課後に質問に来た生徒がいたとしても、忙しくて話をする時間がない。誇張抜きで、帰りのホームルームが終わったら、走って次の会議に行かないと間に合わないんです。

せっかく生徒が相談に来てくれても「ごめん！　ちょっと今から会議だから、また明日来て！」という感じ。

80年代のTVドラマにあったような、夕日が当たる教室で教師と生徒が楽しそうに話している……そんな光景は、今では半ば夢物語。放課後に生徒と教室でのんびり話すような時間は、全然取れないのが現実なのです。

教師が壊れていく過酷な現実

休職者数7000人超も『氷山の一角』

そんな現場のなかで、メンタルに不調をきたして学校に行けなくなる教師は年々増えています。

2023年に精神的な不調で休職に追い込まれた公立学校の教師は7119人とな

り、過去最多を記録しました。3年連続で最多記録を更新です（文部科学省「令和5年度公立学校教職員の人事行政状況調査について」より）。

しかしこれ、実は氷山の一角にすぎません。

どういうことかというと、教師が『休職』に追い込まれるまでには、それ以前の段階があるんですね。

まず、普通の有給、「年次休暇」があります。

教員が「ちょっと（メンタルの）調子が悪いな」となった場合、まずその年次休暇を使うんです。3日休んで仕事に戻る、しばらく働いて、また調子が悪いから2日休んで仕事に戻る。またしばらくして1週間休んでしまう。

これらの休みは『休職』ではありません。ただ年次休暇（有給）を消化しているだけです。

それがもっと悪化して、「もうこれはちゃんと休まないとどうしようもない」ということになると、心療内科などに行って医師から「3ヵ月仕事を休んで休養してくださ い」というような診断書をもらいます。そうすると90日以内の『病気休暇』に入ります。これも公務員に公的に認められた制度です。

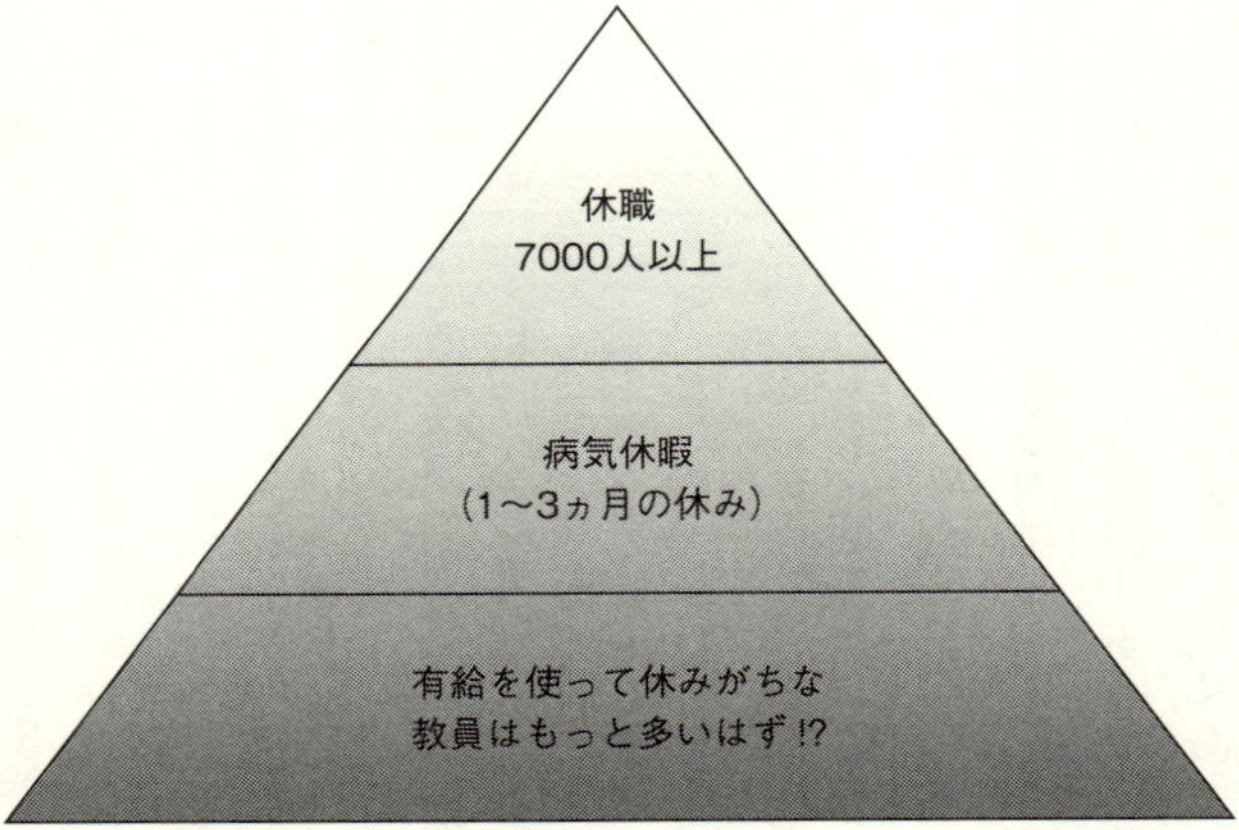

それで、3ヵ月休んで戻ってきて、そのまま復活できる人はまだ良い方。復帰しても、しばらく働いて、また翌年には調子を崩して3ヵ月休んで、またしばらく働いて、また3ヵ月休む、みたいなこともあります。この段階でもまだ休職ではなく、病気休暇なんです。

そして、その挙げ句に「もうこれ以上繰り返してもよくならないから思い切って1年休んだ方がいい」となると、ようやく最終段階である『休職』に入ります（1～3年の長期休養）。

その段階まで行っている人だけで、年に7000人以上もいるということなんです。

文部科学省の同調査によると、その前の

段階（病気休暇）で1ヵ月以上休んでいる人を含めると、その数は13045人もいるそうです。これは教員全体の1・42%。厚生労働省の2024年の調査（「令和5年 労働安全衛生調査」）によると、精神不調で連続1ヶ月以上休職している労働者は全体の0・6%なのだそうで、単純比較はできませんが、2倍以上の割合ということになります。

教師のメンタルをどう守るかは教育現場の抱える大きな課題なのです。

過労死ライン3割超の異常な実態

教師のオーバーワークも本当に大きな問題です。過労は確実に教員の心身を蝕んでいます。

勤務時間が過労死ラインを超えている教師の割合は、2022年度の文部科学省の調査によると、中学校でなんと36・5%。小学校は部活がないですが、それでも14・2%もの教師が過労死ラインを超えているんです。

過労死ラインとは厚生労働省が定めた基準で、時間外労働が1ヵ月間に100時間以上、または2〜6ヵ月平均で月80時間を超えるラインのことです。

公立学校教諭の月の残業時間（2022年度）

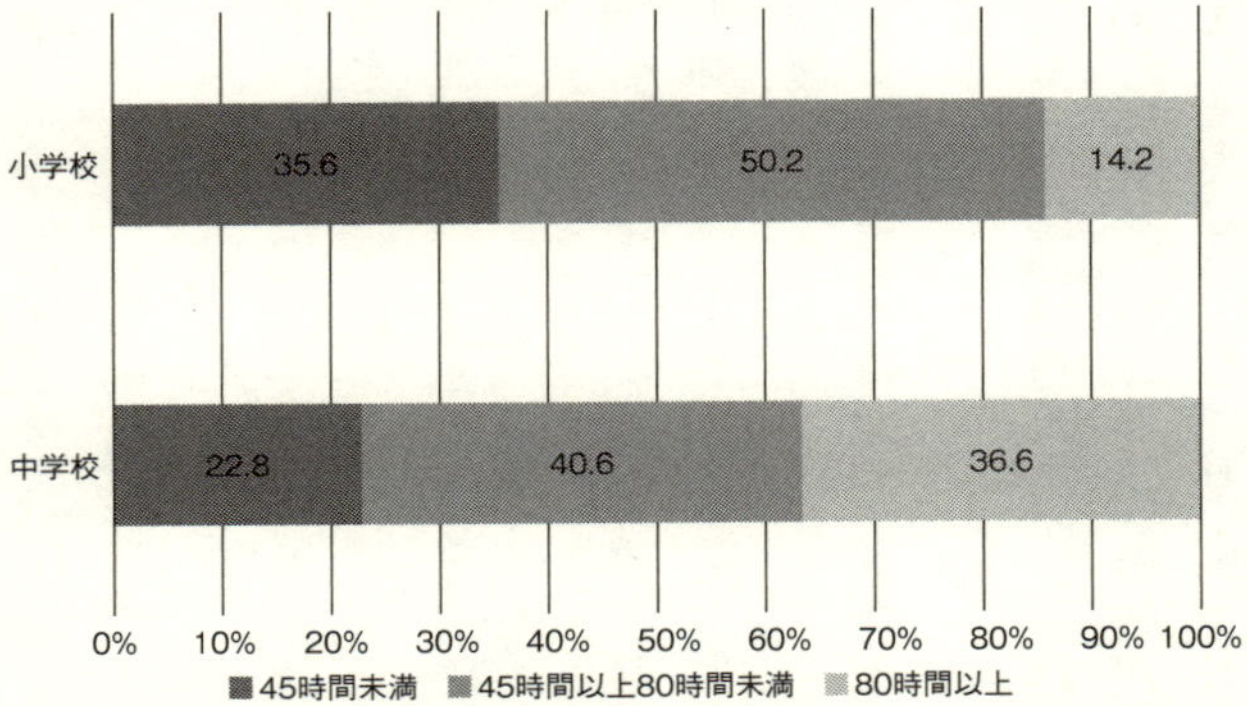

※文部科学省の1週間の総在校等時間のデータを基に、1週間あたりの法定労働時間（40時間）以上の勤務時間を残業とみなし、その値を4倍（4週分）することで、1か月あたりの残業時間数を算出。「1週間の総在校等時間が60時間以上」を「1か月80時間以上」、「1週間の総在校等時間が50時間〜60時間未満」を「1か月45時間以上80時間未満」、「1週間の総在校等時間が50時間未満」を「1か月45時間未満」として概算している。

出典：文部科学省「教員勤務実態調査（令和4年度）の集計（確定値）について」を基にSBクリエイティブ株式会社が作成

国の指針で定める残業時間の上限、月45時間を超える残業をしていた教師は小学校で64・5％、中学校で77・1％。過労死ラインを超えない人も含め、ほとんどの先生は働きすぎです。

私自身も、現役時代の一番の悩みは、やっぱり長時間労働でした。

私は音楽教師で、吹奏楽部の顧問をしていたので、毎年7月末にコンクールがありました。そのため7月はいつも、基本的に休日はゼロ。

それに加えて6月に何かイベ

ントがあったりすると、6月から7月にかけて50連勤になることもありました。それでも最初はいいんですよ。休みなんてなくても、若さと情熱で乗り切れるんです。

でも毎年毎年、酷暑の中30連勤、50連勤休みゼロ……。これが続くと、さすがに心が余裕を失い、すり減っていくのを感じました。

命からがらようやくコンクールを終えて、夏休みに入ったとき、当時、市役所で勤務していた同級生と食事に行ったんですが、彼はこう言ったんですね。

「今週は選挙のせいで休みなしだよ」

1ヶ月休みなしで働いていた私は本当に世の理不尽さを体感しました（しかも彼らは選挙で出勤した分の手当もキッチリもらっているのです）。

たとえば、いつもより少しだけ早く帰れる日があったとしても、じゃあ何ができるかというと、何もできません。もうひたすら寝るしかないんですよね。

食べて、寝て、明日に備えるしかない。そうしないと来週1週間乗り切れないんです。その結果、心はドンドン消耗していき、まさに悪循環に陥っていく感じでした。

あと何日耐えれば解放される……と指折り数えることで、抜け殻みたいになりながらもなんとか乗り切る。そんな生活を10年以上続けてきました。

よく「部活があることぐらい教員になる前からわかってただろ」という人がいるのですが、外から見えるのはあくまでも表面の部分。ここまで心身ともに磨耗していく現実は、体験してみないとわからないと思います。

誰にも相談できない教師の仕事

それでも、周りの誰かに相談をしたり、サポートしてくれる人がいたりすれば、まだがんばれるかもしれません。ところが、なかなかそうもいかないのが実情なんです。

もちろん、教頭や学年主任、先輩教員らに相談すれば、彼らは親身になって話を聞いてくれるでしょう。しかし、教師という仕事の性質上、なかなかそれができなかったりするのです。

なぜかというと、いまだに教師は『個人プレー』という風潮が強いから。

授業がうまい先生は実力がある。学級経営がうまい先生は指導力がある。うまくいくかどうか？　が個人の実力に、紐付けされてしまいがちだからです。

だから、たとえば、「授業崩壊してしまっている」……と打ち明けたら、「それは教師としての実力が足りないから」「がんばりが足りないから」と思われてしまうのじゃないか？　と、相談する側が危惧してしまうのです。

たとえば、ある学年で2組だけが学級崩壊しているとしましょう。それは誰のせいでしょう？

2組の先生は「自分の責任だ」と思うはずです。おそらく周りも口には出さなくても、心の奥ではそう思っているでしょう。

しかし、実際はもっと複雑に、いろいろな要素が絡んでいることがほとんどです。もしかしたら、国語の教科担任への不信感が問題の発端になっていたかもしれません。また、クラス分けの時点で問題があった可能性もあります。

このような場合でも、2組の担任は自分を責めがちです。管理職もまずは担任自身でなんとかすることを要求します。

そんな中で、いくら「気軽に相談してくださいね」と言われても、周りの先生に「うちのクラス、学級崩壊しちゃってるんですよ〜」なんて相談できませんよね。自分に教師としての資質・能力がないと認めるようなもの、と感じてしまうから。

だから、校内に相談できるような体制のあるなしにかかわらず、残念ながら相談しにくい雰囲気が出来上がってしまっているのです。

もちろん民間企業でも同じようなことはあるかもしれません。ただ、教師は特にそういう傾向が強いような気がしています。

いきなり最前線に放り出される新人教師

民間の企業などに比べると、教師の世界は、ちょっと独特な事情もあります。

それは大学を出て1年目から、いきなり『一人前』であることを求められるという点です。

教師は大学を卒業して、4月1日に初めて学校に来て、4月5日にはいきなり担任になります。

マニュアルはありません。よくわからない書類は大量にありますが、始業式までに何を準備すればいいかも可視化されていません。

もちろん、聞けば親切に教えてくれますし、先生方はみんな助けてくれます。でも、みんな余裕がないので、聞かないと教えてくれません。

そんな状況の中で、始業式の日から、1人で学級経営をしていくことになるのです。

もちろん困ったら職員室に行って「これどうすればいいですか？　教えてくださ い」と助けを求めることはできますが、教室では1人です。職員室に戻っている間に学級崩壊していることもあります。

授業もいきなり1人でやらされます。『授業の進め方マニュアル』のようなものもありません。教員免許を取得して教員採用試験に受かったら、いきなりプロフェッショナル。そういう前提で現場に放り込まれるのです。

もちろん教員1年目には『初任者研修』というものがあります。しかし、民間企業と違うのは、『新人研修期間』のようなものがない点です。配属前に集中的に研修を受けてから、現場に送り出されるわけではありません。

まず現場に放り出されるのです。少し経ってから年間20回ぐらい研修があるという状態です。

いきなり担任を持たされて、しばらく経ってから研修で「じゃあ今日は学級づくりについて学びましょう」などと言われても、その時点で「いや、もう学級崩壊してます……」という先生はたくさんいます。

秋になってから「授業作りの一番大事なことをやりましょう」と言われても、「いや、もう遅いよ……」ということになるのです。

大学と教育実習で学んだだけの人が、いきなり最前線に放り込まれる。わからないことばかりの若い人が、わかっているようなふりをして、堂々と教壇に立たなければならない。

それは教師ならではの苦しい現実かもしれません。若い教師が誰にも相談できずに、数年で辞めてしまう原因のひとつもそこにあるかもしれません。

私生活を犠牲にする部活指導の裏側

部活はやってもやらなくてもクレームが来る

特に部活については、やったらやったで文句を言われる、やらなかったらやらなかったでまた文句を言われる、ということがよくありました。

教師の立場からすると、部活の顧問って正直言って限りなくボランティアのような感覚なんですね。実際、残業代は出ないので、平日の朝や帰りの部活は「教師が自主的にやっている」ということになっているんです。んなわけあるかい！　という話ですが、法的に時間外の部活指導を強制することはできないので、実際そうなのです。

でも保護者からすると、顧問も教師の仕事。「仕事なんだからやって当たり前」と思っている人も多いでしょう。そこで意識のズレが生まれて、クレームにつながるわけです。「ボランティアでやってあげてるのに……」と、かなり理不尽を感じ、心がすり減る感覚もありました。

具体的な例を挙げます。

ある学校に赴任して、4月の部活の予定表を出した時のこと。予定では日曜日は部活を休みにしてありました。

すると翌日に部活の保護者会の会長が職員室に怒鳴り込んできたのです。

職員室の引き戸をガラガラ、ピシャン！　と勢いよく開けて猛然と突入してきた保護者会長。いきなり机をバーンと叩いて言ったんです。

「先生、日曜日なんで休みなの？」

衝撃でした。

日曜日は学校の定休日です。定休日に休むだけで、これほどの勢いでクレームを入れてくる保護者が実在するなんて……。

「え、日曜日は休みだからですけど……」

と返した私に、会長はさらに語気を荒らげて言いました。

「前の先生は土日も毎週夜中までやってくれたよ！　この子たちの青春を潰す気なの!?　先生は毎年コンクールやってるかもしれないけど、この子たちにとってはね、コンクールは一生に一度しかないんだよ！」

私はもう呆然。

「いや、私にとっても今年は一生に一度しかないんですが……」

と思いつつ、強く言い返すこともできません。その場では「じゃあ、ちょっと考えますから」と、なんとかなだめて帰ってもらいました。

ところがなんと次の日、教頭に呼び出されたのです。教頭は申し訳なさそうに言いました。

「すぎやまさん、なんとか日曜日やってくんないかな？」

「でも、すみません、日曜日ですよ？」

と私は返します。でも教頭は、

「すぎやまさんの気持ちもわかるんだけど、去年（の顧問）は土日両方やってくれてて、保護者会長さんも熱心な方だから、なんとかやってほしい」

「副顧問にも言って土日のどっちか出てもらうようにするから、なんとかやってくれないか」

「どうしても無理だったら私も代わりに出るから」

と、私に頭を下げたのです。

間違えないでほしいのですが、これは教頭からの職務命令ではありません。教頭が『個人的に』私にお願いしているのです。教員に部活という時間外労働を強制する法的根拠はないのですから。教師たちはそれをわかった上で、善意で部活に土日を捧げているわけです。


また、お茶の産地として有名なある県の他の学校に勤務していた時には、これとは真逆のことも起こりました。

新しく赴任した学校で、張り切って5月のゴールデンウィークに部活を入れたんですね。そうしたらなんと……、

「茶摘みで忙しい時期に部活を入れないでくれ」とクレームが入ったんです（笑）。

山間部の学校では、5月の茶摘みシーズンには、子どもたちも茶摘みに動員されるのだそうです。

これは冗談みたいな例ですが、たとえば土日両方練習を入れたら入れたで「勉強する時間がない」「家族で旅行にもいけない」というようなクレームが入る、なんてことは、本当によくありました。本来部活はやる気がある子がやるものなのですが、現状、公立中学校ではやる気がないのに部活に加入している子がものすごい数いるからです。

ほぼボランティアでやっているのに、がんばってもがんばらなくても文句を言われ、休みにしてもしなくても文句を言われる。それが部活の悲しい現実なのです。

また、去年の顧問は熱心な先生だったのに……という話を先述しましたが、この手のトラブルはけっこうあります。

部活が生きがいのような先生が一定数いるのです。

毎日朝練をやって毎週土日も部活をやって、「家庭に居場所ないの？」と心配になるほどの熱の入れっぷり。しかし、そういう先生が異動した後が大変なんです。

後任の顧問がたとえば小さい子どもがいる女性の先生の場合、家事も子育てもやりつつ仕事をしているため、部活にそれほど注力できません。そうすると、保護者からものすごい苦情が来て、大もめになるようなことがよくありました。

なので、そういう熱心な先生が転出した後は、だいたい若手の男性が配置されることが多くなります。「こいつならまだ結婚もしてないし、若いからがんばれるだろ」みたいなノリです。しかし、独身の若手教師にもプライベートがあることを忘れないでほしいと思います。

生徒優先でわが子に向き合えない

教員は毎日残業、土日も出勤……となると何かを犠牲にせざるを得ません。もちろん犠牲になるのはプライベートです。ワークライフバランスなんていうものから、はるかに遠いのが教師の仕事なんです。

もちろん「息子の運動会だから休みます」と休む先生はいます。でも、そんなときだけ休んだとしても、毎日帰宅は21時過ぎで、朝6時半には家を出るという状況では、普段はほとんど子どもと顔を合わせる時間なんてないでしょう。

学校で子どもたちと向き合っているのに、自分の子どもと向き合う時間がないのです。特に男の先生で部活をがんばっている人は、そうなりがちでした。教師自身だけでなく、その家族も、長時間労働や休日出勤の被害者なのです。

いや、結婚している先生、お子さんがいる先生はまだマシかもしれません。「ほら、新婚なんだから早く帰って」「お子さんがまだ小さいから仕事が大変にならないようにしてあげないと」と周りが気を使ってくれるからです。

でも、よく考えてください。

独身の先生にもプライベートはあります。私はゲイですから、一生結婚はできません。結婚して子どもがいる先生は「家庭を大切にして」と配慮されるのに、独身の教師は一生プライベートをないがしろにするような働き方を強いられる。それは納得がいきません。

でも、ゲイに限らず、独身にもプライベートはあります。たとえば独身のサラリーマンだったら、仕事が終わってから合コンに行ったり、週末は彼女とデートしたりする時間があるかもしれません。毎週じゃなくても、月に何回かはそういう機会がある人は、けっこういるでしょう。

でも先生は、平日はとても飲みになんていけないし、土日は部活。たまの休みは必死に体を休めないと、来週乗り切れない。そんな状況なので、家の掃除すらもなかなができないくらいです。

私は、人生で後悔していることはほとんどありませんが、唯一あるとしたら「20代の頃にもっと遊びたかった」……ということです。私が20代の時に使っていた手帳をみると、やりたいことリストの中に「月に1度は飲みに行きたい」と書いてありました（笑）。それくらいプライベートな時間がありません。

ちなみに教員の場合、教員同士で結婚している人は、かなり多くいます。なぜかというと、外に出る時間がないので、学校の中しか出会いがないからです……。

未経験の部を担当させられるのは地獄

実は部活の顧問の決まり方については、優先順位のようなものがあります。

まず強い部活、たとえば毎年県大会に行っているような部があったとしたら、優先的に、一番専門性がある、指導に適した先生が顧問を務めます。

また、野球部やサッカー部は保護者や地域の声が大きかったり、そもそも専門的な知識や技術も必要だったりするため（ノックができないのでは話になりません）、優先順位が高くなります。

その次が吹奏楽部でしょう。吹奏楽は顧問が指導するだけでなく、プレイヤー＝指揮者として舞台に立たなければならないため、音楽の先生などが優先的に割り当てられます。未経験の家庭科の先生にいきなり任せるようなことはできないでしょう。

この辺りまでは明文化はされていませんが、人事異動の段階から配慮されている、と多くの教師が感じています。

そして、残りの部活の担当は、どうやって決めるか？

それは非常に言いにくいのですが、ほぼ消去法です。できそうな人にやってもらうしかないのが実情なのです。

「あの人若いからバスケ部イケるでしょ」

「あの人テニス部の希望出してるけど、テニス部はもう埋まってるから卓球部やってもらおう」というように。

教員が自分の希望を貫き通せることはほぼありません。教員数に対して部活の数が多すぎるからです。

実は私は、大学を卒業して最初の年に、野球部を受け持たされたことがあります。

それはもう本当に大変な毎日でした。野球は小学校の時にちょっとやっただけで、本当に知識も何もなかったからです。

ノックをやれば手は豆だらけ。最後には手の皮が全部剝けてしまいます。新卒でお金がない中、バットやグローブ、アンダーシャツなどは全部自腹です。

別に自分がやりたいわけでもないことに、自分の時間とお金をかけなければならないのは、正直言ってけっこうツラいです。朝練はもちろん、土日も全部費やしました。ずっと部活ばかりやっていた感覚です。

ところが保護者はそんなこと知ったこっちゃありません。試合中には「おい、なんで今のところバントなんだよ!?」などとヤジが飛んできます。

采配ミスをして保護者から怒鳴りつけられ、泣きそうになりながらも、生徒の前では監督として堂々と振る舞わなければなりません。保護者どころか、生徒よりも野球を知らないのに。あなただったら耐えられるでしょうか?

私が野球部を任されたのはけっこう特殊なケースだったと思いますが、最悪の場合こんな状況になるのです。未経験で、やりたくもない部の顧問をさせられている先生はたくさんいます。

私がSNSなどで「部活は廃止すべき」と提案すると、ものすごい反対の声が寄せられます。

「部活があるってわかってて教員になったんだろ?」

「覚悟が足りない」

「生徒の青春を潰すのか!?」

などというような。

賛否両論あるのは当然ですが、そういう意見を言う方は、まったく未経験の運動部の顧問を引き受けてみてほしいです。

きっと、先生方がどんな無茶振りをさせられているか、よくわかると思います。「部活は大切だから残した方がいい」と言っていいのは、まったく未経験の強豪部の顧問をやらされても、喜んで土日を捧げる覚悟がある人だけです。

部活動の地域移行が失敗だらけのわけ

今、文部科学省は、部活改革の案として『部活の地域移行』を掲げています。

部活が先生方の長時間労働の要因になっているとするなら、顧問（指導者）を教員ではなく、地域住民から募ればいい。部活を学校から地域に移行してなんとか温存していこう、という考えです。

しかし私は、その試みは失敗すると予想しています。

なぜなら、部活の地域移行なんてものは、もう20年も前からいろいろな地域で試みられてきたことだからです。

私も先進校に視察に行って、「ここの地域では……」と担当者が得意げに話しているのを聞いたことがあります。じゃあ、その地域はその後どうなったかというと、いつの間にか部活は元の形に後戻りしました。つまり地域移行は失敗に終わったということです。

なぜそうなったかというと、部活指導は単純な技術指導だけではないからです。コーチと生徒、保護者の間でトラブルが多発してしまうのです。

たとえば、地域のおじいちゃんがテニス部の外部コーチになったケースがありました。でも、当然、普通のおじいちゃんなので、指導の仕方も子どもとの接し方もそんなにうまくはありません。そうすると反抗期の子どもたちはどうするか？　次第にコーチの言うことを聞かなくなったり、「クソジジイ」と悪態をついたりするようになったのです。

それに対して、おじいちゃんコーチがどうしたかというと、ラケットでその生徒のお尻を叩いたんですね。そしたら今度は保護者が出てきて、「体罰だ！　教育委員会に言ってやる」と学校にクレームが入ったんです。一方のコーチも「学校での指導が甘い。ちゃんとしてくれないと困る」と学校に怒鳴り込んできました。

そうして、人間関係がこじれにこじれた結果、「学校がなんとかしろ」ということになって、結局はそのコーチが指導している横で、学校の先生が腕組みをしながら監視している、という状況になりました。

先生が自分で指導していれば、クレームに神経をすり減らすこともなかったのに、これでは二度手間です。

そんなゴタゴタが数年続いた結果、いつの間にか地域移行はうやむやになって、ある年から今まで通りの部活形態に戻った。そういうことが過去にいろいろな地域で起こりました。

部活の地域移行なんて試みは、今に始まったことではなく、もうとっくに試し尽くされたものなのです。

だから私は、とにかく部活を学校から完全に切り離さない限りはうまくいかないと予想しているわけです。塾や習い事と同じように、やりたい人が自己責任で事業としてやればいいのです。そうしない限りは、必ず違うかたちでの負担が学校にのしかかることになります（このあたりは第6章で改めてお話しします）。

デジタル化も効率化も進まない現場

ＤＸの波から完全に取り残された学校

教師の仕事が膨大なのは、単に教師が不足しているからだけではありません。デジタル化や効率化が進んでいないから、という理由もあるんです。

その大きな理由のひとつは、教育の現場で、情報管理の安全性を確保するためです。学校が抱えている生徒の住所、電話番号、家庭環境、成績、指導記録などは、ものすごい個人情報です。２０００年代に入ると、インターネットを通じた情報流出が世間を騒がせ、学校においても情報セキュリティの重要性が認識されるようになりました。

そこで学校がとった対策が、ものすごく斬新な強硬手段でした。

その対策とはなんと……教師のパソコンをネットから遮断したのです（笑）。ネットにつながっているから情報が流出する。だったら、ネットを遮断して、ワードとエクセルしか使えないようにすればいいんだ！　というコペルニクスもビックリの発想の転換です。

今ではちょっとずつ変わってきているところも多いのですが、私が勤務していた時には、教師が授業準備や成績処理に使うパソコンは校内ＬＡＮにしかつながっておらず、インターネットにつながっているパソコンは職員室で１台……というところがほとんどでした。

先生が30人、40人いる学校で、パソコンのうち１台しかインターネットにつながらないなんて不便でしかありません。

民間にも個人情報をたくさん扱っているような企業はたくさんありますが、ずっと前から社内のすべてのパソコンは、インターネットにつながっているでしょう。ネットにつながる前提で、じゃあセキュリティをどうしようか？　というような対策を練ってきたわけです。

ところが学校の場合は、まず物理的に遮断するという強硬手段で対策してきたのです（これは地域によっても差があると思います。もっと先進的にやっている地域のみなさん、すみません）。

タブレットがあっても使い物にならない

学校のデジタル化の遅れは、もちろん教師のパソコンに限った話ではありません。

たとえば、あるとき教育委員会から学校に、大量のiPadが送られてきたことがありました。これから学校のＩＣＴ（情報通信技術）化を進めますという理由でした。

私はもともとデジタル機器が好きなので、これにはとても喜びました。

しかし、喜んだのも束の間。

「生徒が壊したら大変だ」「盗まれたらどうする？　管理を徹底しないと」という話になり、校長室に鍵付きのスチールラックが設置されたのです。iPadはそこに保管されることになりました。

iPadを使いたい場合には、まず教頭の机にある帳簿に記入して教頭からハンコをもらいます。そして、校長室に行って、校長がいる前でガチャガチャカギを開けて、iPadを出して教室に持って行く。

そんなん誰が使うんだという話です。ただでさえ忙しすぎる中で、休み時間は10分しかありません。こんな準備ができるのは、与えられた業務量が少ない暇な教師ぐらいしかいません。

しかもなんと驚くことにそのiPad、アプリのダウンロードが禁止されていたんです。そんなのただの液晶ディスプレイです（笑）。スマートタブレットの良さが根こそぎ削り取られた状態。

それでは宝の持ち腐れ、税金の無駄遣いになってしまうので、私は教育委員会に問い合わせました。

「変なアプリではなく、一般に使われているアプリを入れたいだけなのですが、それでもダメですか？」と。

しかし、教育委員会からは「基本的にはダメです。特別な許可が必要」との回答。それでもめげずに「では許諾を取る方法を教えてください」と尋ねると、「あるんだけど、ほぼ通らないから無理」との返答でした。

学校のICT化は長らくこんな冗談みたいな状況が続いていたのですが、これが大きく変わったのがコロナ禍以降です。

今の学校では、パソコン1人1台、タブレット1人1台といった状況にとりあえずなっています。

しかし、今回実施したアンケートによると、いまだに謎の縛りがいろいろと多いそう。世間のIT化から取り残されて、内部で独自の進化を遂げた今の学校は、まさに孤島『ガラパゴス』のようです。

金庫にしまうだけの謎の手書き書類

効率化について言うと、学校はとにかく「手書きじゃなきゃダメ」という書類が多いです。コロナ禍以降これもだいぶ改善されてきていますが、かつて教師たちをもっとも苦しめてきたのが『指導要録』です。

学校では毎年、生徒一人ひとりの『指導要録』という書類を作成しています。

この生徒がこの学校に在籍して、何日出席して成績はこうでした、ということを記録する公簿です。成績以外にも、何々係に所属し、授業には積極的に参加して学力を向上させた、みたいな所見も記載されます。それを担任が、クラスの生徒全員分、作成します。

しかもその指導要録、数年前まですべて『手書き』でつくっていたのです。

これがかなりの労力で、一年で一番イヤな仕事と言っても過言ではありませんでした。

早い先生だと冬休みぐらいから、多くの先生は2月から3月まで、ずっとその書類を書き続けていました。1日1人分ずつ書いても、クラスに30人いたら1ヵ月かかります。

それを3月半ばに学年主任、教務主任、教頭のチェックを受けて、最終的には校長に提出しなくてはいけません。

ペンを握る指が手のひらに食い込んで痛いので、ハンカチを握りながら筆を走らせていた。それくらい過酷な作業でした。

では、この指導要録、何に使うかというと……実は何にも使いません。

「できました〜」といっても「じゃあ、校長室の金庫にしまっておいて」と言われて、保管しておくだけです。基本、どこにも見せることはありません。

学校も行政機関のひとつです。市役所に『戸籍』があるように、生徒にも『学籍』があります。この生徒が、たしかにこの学校に所属して、こういう教育を受けたという記録・証明が必要なのです。そのためにつくられる書類が『指導要録』。

また、指導要録は情報開示請求の対象になります。たとえば卒業生から「私の指導要録を見せてください」と情報開示請求されると、学校は行政機関として、それを開示しなくてはいけないのです。

そんなことは数万件に1件もないのですが、もし本当に情報開示請求などがあったときに、「この生徒はいじめをしていた」とか「授業中居眠りばかりして、宿題もほとんど出さない」とかが書いてあると問題になり得ます。

だから、指導要録には当たり障りのないことしか書きません。成績や活動内容など、事実を記載するだけ。そして、その内容は教頭が全員分、一字一句チェックしています。そして学年主任も、教務主任も、校長も、全員チェックします。

それを大切に金庫にしまっているのです。正直言って、本当に不毛。徒労感しかありません。

高校進学時には高校に提出するのですが、実は高校側も金庫にしまっておくだけでそんなに見ません。なぜなら、当たり障りのないことしか書いていないから（笑）。ほとんど無意味な書類を、莫大な労力をかけて手書きで作成して、金庫にしまっておく。学校ではこのようなことが、もう何十年も行われてきたんです。

●まとめ●

学校現場の本音

・教員不足は本当に深刻
・特に部活の負担が大きい。長時間労働の原因
・やるべきことに優先順位をつけて無駄な業務を減らしたい

子どもの未来を守るために……

保護者にお願い

・教師にとって部活はボランティア。やるのが当たり前じゃないとわかって！

・行事や部活を削減せざるを得ない現状を理解してほしい

社会に求めること

・教員不足による学校崩壊は本当に秒読み。教員の労働条件を抜本的に改善してほしい

コラム2

仕事と子育てを両立するために

子育てをしながら仕事ができる未来が見えない

業務過多と長時間労働。

それでも毎日必死に働いている女性教員からは、将来を不安視する声も上がっています。

「授業の準備に使える時間が全然取れず、毎日保護者対応や不登校児童の対応に追われる日々です。毎日2～3時間の残業が当たり前で、毎年必死に生き延びています。休み時間もろくにありません。

私はまだ家庭を持っていませんが、子育てをしながら仕事をしていける未来が見えません」

実際に結婚、出産を経験した女性教員からはこんなリアルな声が寄せられました。

「妊娠してから働き方を真剣に考えるようになりました。それまでは、当たり前に残業して、持ち帰りもして、分掌《ぶんしょう》の仕事もクラスのこともなんとかやっていました。土日も自主的に出勤して、平日にできなかった業務をしていました。でも、子どもが生まれたら残業が不可能になりました。それまで残業しない先生のことを、やる気がないダメな教員だと思っていましたが、そもそも残業ありきなのがよくないのだと考えが変わりました。

教員を辞めていく人に何人も出会いました。

教員は基本的にみんな真面目で働くのが好きです。だから働き方改革が進まないんだと思います。みんながちゃんと元気に働ける職場にしていかないと、子どもたちのためにも未来のためにもならないと思います」

教員という激務をこなしながら、仕事、家庭、子育てをしていくのはとても大変なのだということが、文面からひしひしと伝わってきます。

女性が希望を持って働けるような学校現場になっていくことを願うばかりです。

自分の子どもを安心して育てられる環境のために

また、自分が産休・育休で休むことによって、仕事のしわ寄せが他の先生に行くことを心苦しく思っている先生もいるようです。

「私は産休・育休を取ったり、子ども関係でよく休んだりしているので、周りの先生に迷惑をかけている世代です。そのせいで負担をかけている先生には、手当をつけてあげてほしいなと思っています。私たちも常に『すみません』と言い続けるのは辛いので……そうすれば、お互いに良いのではと思います」

これらの問題は、何も女性の教員だけのお話ではありません。

今や民間企業では、父親が育休を取ることも、まだまだ少ないとはいえ、それほど珍しいことではなくなりつつあります。夫婦ともに教員という家庭は少なくありません。子育ての問題では母親だけでなく、父親の働き方も問われるところです。

　そして何よりも、教員が子育てと仕事を両立して、安心して働けるような制度設計が必要でしょう。

第3章　働き方の本音

教師が裏でやっている毎日の業務

教師の1日のスケジュール（例）

7：20	出勤　朝の活動
8：10	勤務時間開始
8：30	午前の授業
12：30	給食　昼休み
13：30	午後の授業
16：15	職員会議
16：45	勤務時間終了
	部活動
18：30	事務仕事　授業準備
20：00	退勤

教師の1日のタイムスケジュール

一般的な教師の1日はどのようなものなのか？　私自身の現役時代を振り返ってみます。

まず、勤務時間は8時10分からですが、7時半前には出勤します。朝の活動（あいさつ運動や朝のごみ拾いなど）や朝練があるからです。それが終わって、8時10分から朝の会があって、8時半ぐらいから午前の授業が始まります。午前の授業が終わるのは12時半ぐらいですね。

それから給食を食べて、昼休みがあっ

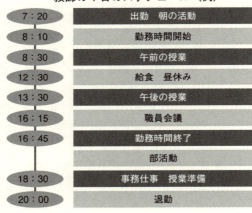

て、午後2時間授業をやります。6時間授業の日だと、終わるのが大体16時10分ぐらいです。

16時15分ぐらいから職員会議や委員会が始まってしまうので、授業が終わったら息つく間もなく移動です。そうやって会議などに参加して、勤務時間は一応16時45分まで。会議の時間が30分しかないので、みんな必死に走って会議室に向かいます。

そこから部活が始まります。夏場だと18時半まで部活をやりますが、昼休みからそこまで、教員には休憩時間がありません。

もちろんそれでは労働基準法違反になってしまいます。だから一応書面上は、「この人は15時から15時半まで休憩してますよ」ということにしています。しかし、実際にはそんな休憩時間は存在しないのです。昼休みだって、給食指導や昼休みの活動がギッシリ入っているので、昼休憩もありません。つまり完全に虚偽でしかないので、ドンピシャで労働基準法違反です（笑）。ブラックどころか漆黒ですよね……。たまたま忙しくて休憩できなかったとか、仕事が終わらなくて残業、だったらまだ話はわかります。でも、最初から虚偽だとわかっていながら、帳簿上だけ休憩時間をとっていることにしているし、部活だって、最初から残業になる前提で活動時間が設定されているわけです。

経営の厳しい民間企業ならまだしも公立の行政機関で堂々とこんなブラック勤務がまかり通っているのです。なぜ労務調査が入らないのか、疑問でしかありません。

部活が終わってようやく一息ついて……18時半からまた仕事。早くて19時半、大体20時、遅いと20時半、21時まで仕事をして、やっと帰れます。仕事が終わらず、プリントづくりなどの仕事は持ち帰らざるを得ないことも多いです。

早く帰れる日でも、晩ご飯を食べたりしているうちに21時を過ぎます。次の日も早いので、すぐにお風呂に入って22時過ぎぐらいには寝ないといけません。帰ってご飯を食べて、お風呂に入って寝たらもう次の日、という感じです。

平日は大体そんな感じで、さらに土曜日は1日部活、日曜日も半日部活です。もうちょっとホワイトな（?）学校だと、日曜日は休みでしたが……。

それでも大会やコンクールのときには、土曜日の7時から21時までずっと会場にいる、ということもよくあります。

私が教員になったときには、すでに学校は週休2日制で土日休みになっていたはずなのですが、部活のせいで先生は週休0～1日制が当たり前でした。

本当は「教材研究」にもっと時間をかけたい

教師の仕事の中で一番長いのは、もちろん授業をやっている時間です。

その次に長いのは、圧倒的に、部活ですね。

部活の顧問をする中でも、意外に時間や手間がかかるのは、下準備や事務仕事の段階。運動部だったら練習試合を組んだり、吹奏楽部だったら各楽器の講師を手配したり、大会の時に保護者の誰が車を出すのか、保護者会の人と連絡を取ったりするのにも、かなりの時間を取られます。

教師の仕事の中で一番大切なのは授業です。

だから正直なところ、授業の準備にもっと時間をかけたいと思うのですが、現実は部活の指導が終わってから、ようやくちょっと授業の準備ができる、という感じです。

授業の準備が十分にできなければ、授業はある意味、出たとこ勝負のようになります。そして授業が終わってから、「もっとこうしたらわかりやすかったのにな……」と思うことも、けっこうありました。

授業の準備について、教師の多くが本当にしっかりやりたいと思っているのは、「教材研究」です。

教材研究というと、たとえば先生が古典の文章を読み込むイメージがあるかもしれません。

実際の教育現場における教材研究というのは、今、目の前にいる生徒たちにどんな力を付けてもらいたいか、そのためにどの教材を使うか、その教材の教育的価値は何か……というのを考えて、授業を組み立てることを指しています。

「教材研究」というよりは、内容的には「授業構想」あるいは「授業計画」と言った方が近いでしょう。

教材研究をしっかりやっている先生とそうでない先生では、もちろん授業の内容に差が出てきます。20代のときは、みんな授業がうまくないですからあまりわかりません。しかし、30代、40代になってくると、ただ教科書通りに進めているだけの先生と、教材研究をちゃんとやっていた先生とでは、全然違ってきます。

教材研究をしていない先生は、たとえば、今の時代に合わせてアクティブラーニング的な授業をやろうと思っても、生徒同士でただ話し合わせてワークに意見を書いて終わり……というような浅い授業になりがちです。

卒業式で嫌なことも全部を水に流せる

そんな大変な教員生活の中で、一番やりがいを感じたり報われた気持ちになったりするのは、私の場合、卒業式でした。

アンケートの結果を見ても同じように考えている先生は多いようです。

正直言って過酷な仕事の中で「もう辞めてやる！」と思うことが何度もあります。反抗する生徒、トラブルばかり起こす生徒、宿題をまったく出さない生徒……こっちはこんなにがんばっているのに、なんでこの子たちはわかってくれないんだと悔しい思いをすることもたくさんあります。

それでも卒業式のときに、その子たちが校長先生から立派に卒業証書をいただいて、ちゃんと一礼して、こちらを振り返った時の晴れやかな顔を見ると、そんな苦労はすべて忘れてしまうんです。

嫌なことも全部を水に流して、「ああ、やっててよかったなあ」と思ってしまいます。そして、卒業式を終えると、「さあ来年もがんばろう！」という気持ちが湧き起こってくるのです。

教師がどんなにツラくても耐えることができるのは、これがあるからなんじゃないかな、と私は思っています。しかも、それは毎年あるのですから。

昨今、SNSでは卒業シーズンになると、生徒が卒業式で悪ふざけをする映像が毎年バズっています。たとえば変な声で返事をしたり、壇上でお笑い芸人の一発ギャグをやったり……。

おもしろいのはわかりますが、教師としてはそういう映像を見るととても残念な気持ちになります。

自分が3年間大切に育ててきた教え子が、最後の晴れの舞台でそんな悪ふざけをしたら担任としてはとても悲しいです。やっている本人は楽しいかもしれませんが、厳粛な気持ちで式に参加していた同級生や保護者たちはどう思うでしょう？

どうか、卒業式という3年間の締めくくりを大切にしてほしいなと思います。

教員が抱えるリスク

プールの水を止め忘れて95万円自腹!?

最近、教育業界を震撼させたニュースとして、2023年に神奈川県川崎市の小学校で、30代の教員がプールの水を出しっぱなしにしてしまった……という事件がありました。

ビックリすることに、プール6杯分、約190万円分の損失が出たとして、校長と当該教師が、川崎市から95万円を請求されたのです。

このニュースを見た教員の多くは衝撃を受けました。

「業務中のミスなのに、個人に賠償請求が来るの!?」と。

本来、学校の教育活動の責任は、学校の設置者である教育委員会、もしくは学校の管理責任者である校長にあるはずです。

それがどうして一労働者である教師個人に請求が来るのか？　本当に個人に請求すべきものなのか？　……というのは、正直疑問に思います。

プールの水は経済的損失だけで済みます。しかし、教育活動の中では生徒の命に関わるようなアクシデントも起こり得ます。

たとえば生徒が体育の授業中に事故で亡くなってしまった、あるいは首の骨を折って後遺症が出てしまったというような事故。このような場合、学校の管理体制の甘さが原因という報道も目にします。しかし、どんなに気をつけていても、すべての事故を防ぐことはできませんよね？

そういう事故に対して、教師個人の管理責任が問われて、賠償請求が来ることもあるんです。

最近裁判になった例では、生徒が部活中に雪崩に遭って亡くなった事故の管理責任が、現場の教師に問われたことがありました。

教師の立場から言うと、部活にしても行事にしても、あくまで組織の人間として、命じられてやっている業務。別に教師個人が趣味でやりたくて企画しているわけじゃありません。

ところが実際に、アクシデントが起こると、教師個人に多額の賠償請求が来てしまう。これは教師個人にとって大きなリスクのひとつと言えるでしょう。

だったら外での活動や、スポーツなど、少しでも危険な活動は一切やらせたくない。そう思ってしまう人が出てきてもおかしくありません。

教師は骨を折られても泣き寝入り

生徒ではなく、教師が被害者になることもあります。

これは私自身が実際に経験したことですが、ある時、学校で生徒が大暴れしたことがありました。その生徒は過去にもたびたび癇癪《かんしゃく》を起こし、暴力を振るったり、物を壊したりするような子でした。もちろん、学校側でも、その子の特性をできるだけ把握し、対策はとっていますし、本人にも保護者にも何度も話はしています。しかし、それでもなかなか収まらない。

そこでその時も先生が何人かで止めに入ったんですが、その日の暴れっぷりはいつも以上でした。その生徒、階段の上まで一気に駆け上がったかと思うと、いきなり階段上から学年主任に向かって跳び蹴り（！）をくらわせたんです。学年主任の先生は、あばら骨を折る大ケガをしてしまいました。

もちろん、学校側がその生徒の特性を理解し、最大限の対策をとる必要があったでしょう。

でもこれ、普通に暴力事件ですよね？

たとえば、市役所の中で市民が暴れて、市職員があばら骨を折るケガをしたとなったとします。おそらくすぐに警察に通報され、暴れた人は即連行されるでしょう（もちろん、生徒の特性を把握している学校と、前情報のない市民の対応をする市役所では状況は同じではないですが）。

でも学校では、ケガ人も出る暴力沙汰のような重大事件が起こっても、警察を呼ばないこともあるんです。なぜなら、大ごとにしたくないからです。

先ほどのケースでは事件の後、緊急の職員会議が開かれて、先生たちが集められました。そこで教頭から「今日こういうことがあったので、これから家庭訪問をして保護者の方にも事情を話し、対処していきます」という説明がありました。

そこで私は居ても立っても居られず手を挙げて訊きました。

「なんで警察を呼ばないんですか？　骨折してるじゃないですか、傷害事件ですよね？」と。すると教頭が校長にヒソヒソ耳打ちして、「そこも含めて今検討中なので……」と返ってきたんですね。

結局、この件が警察沙汰になることはないままでした。学年主任は自分で病院に行って、自分でお金を払って治療を受けたんです。もちろん労災が下りることもありませんでした。

労災が下りるには、事件を公にしなければなりません。でも学校は、それをやりたがらないんです。

なぜこのようなことになるのか？

それは「生徒を犯罪者にするのか？」という声が保護者はもちろん、校内からも上がるからです。

学校が生徒を警察に突き出したら、生徒を犯罪者にしてしまう。生徒の将来を潰すわけにはいかない……と強く主張するような先生は、必ず一定数存在します。「あの学校から逮捕者が出た」と言われたくないと、体裁を気にする先生もいますね。

でも私は思うんです。

「学校は治外法権にしちゃいけない」と。

学校の中だろうが外だろうが、事件を起こしてしまったら、きちんと法の下で平等に裁かれるべきです。

市役所の職員が市民から跳び蹴りをされて骨をへし折られたら、即警察を呼ぶでしょう。蹴った人の将来がどうなるかなんて関係ありませんよね？　それが社会の常識なんです。

ただ学校がちょっと特殊なのは、まだ善悪の判断がつかない未成年の子どもたちを預かっている教育の現場であるという点です。そのせいで、警察を呼ぶかどうかの判断がとても難しい場面もたしかにあります。

「指導の方法が悪かったのじゃないか？」

「前途のある子どもを犯罪者にするのか？」

「教師の対応にも問題があったんじゃないか？」

そんな声が必ず出てきます。

そのせいで結果として、たとえ暴言を吐かれても、授業を妨害されても、暴力被害に遭っても、多くの教師は泣き寝入りせざるを得ない。そんな悲しい現実があるのです。

教師が「裁判保険」に入る時代!?

中には教師が被告人になってしまうトラブルもあります。一方的にクレームをつけられて、民事裁判にまで発展することがあるからです。

「いつ多額の損害賠償請求をされるかわからない……」

「裁判を起こされたら弁護士費用も個人で支払わないといけないらしい」

今や多くの教師はそういう不安を抱えながら仕事をしています。

悲しいことですが、それが教育現場の現実。そこで現役時代に私が取っていた対策に『裁判保険』があります。

あるとき、他の学年の学年主任だった先生との会話の中で、「裁判保険っていうのがあるんだけど、知ってる？　実は俺、入ってるんだよね」……と聞いたのが、私が裁判保険を知るキッカケでした。

もちろん学年主任の先生は保険の外交員でも、ネットワークビジネス目的でもなんでもなく、ただの話題として挙げただけ。熱心に勧めてきたわけではありません。

でも、私は即その保険に加入しました。

その頃も、他県でプールの水止め忘れ事件があったり、業務中の過失で教師個人が賠償責任を負わされたというニュースを何度か耳にしたりしていたからです。

ちょうど『モンスターペアレンツ』が大きな問題になっていた頃でもあります。激烈で無茶なクレームを入れてくる保護者は、実際にどこの学校にもいたし、周りの学校で先生が保護者ともめて訴えられたというような話も耳に入っていました。

当時、荒れた学校で勤務していた私も、保護者から一方的なクレームを入れられることが当然あったので、「自分もいつか訴えられるかも……」という危機感は、ずっとあったんです。

裁判保険というのは文字通り、自分が訴えられたときの裁判費用、弁護士費用、あとはプランによっては、実際に損害賠償を払わなければならなくなったときにそれも補償してくれる、というもの。

当時、学年主任や教務主任などの管理職で裁判保険に入っていた教師は、周りにもけっこういました。

記録を取ることで『自己防衛』

私たち教師は他にもリスクマネジメントとして心がけていることがあります。

それは、ちゃんと『記録』を取っておくこと。

たとえば、

「〇月〇日19時、A子さん母からTEL。娘が学校に行きたくないとのこと」

「〇月〇日放課後、A子さんより相談（教室にて）。B子さんから嫌がらせを受けている。C子に確認してみると伝える」

などのようにできるだけメモする。保護者とのやり取りはもちろん、生徒への指導や、生徒間のトラブルについてもそうです。

可能な限りメモを取っておきます。もちろん、メモの大半は活用されることなく埋もれていくのですが、もし何か重大なトラブルが起きた時にはこのメモをさかのぼって、状況を整理することができます。

そうすると、「いつ何があって、どのような対応をしたのか？」を、理路整然と答えられるようになるのです。

これは私に限らず、けっこう多くの教員がやっていることです。

実際には手書きメモなどは、裁判では『証拠』にはなりません。でも、記録が残っていなくて、記憶も散らかって曖昧だと、証言の信憑《しんぴょう》性は薄れます。だから、自分の証言の筋を通す、裏付けるための材料として、記録がとても重要なものになるのです。

また、急に濡れ衣を着せられることもあります。たとえば、

「先生に相談したら無視された」

「先生からもう学校に来るなと言われた」

「宿題を出したのに出していないと言われた」

など、事実無根だったり、事実を歪曲したことを生徒が保護者に言って、それで保護者が怒鳴り込んでくるケース。

これは教師をやって、何千人も教えて体感したことなのですが、人間の中には一定数、『平気で嘘をつく人』がいるように思います。なんの悪気なく、反射的に、日常的に嘘がポンポン出てくるような人です。実際、そういう生徒が何人かいたのです（これはあくまでも私個人の経験・体感の話です）。

生徒と教師の言い分がまったく食い違っているとき、「じゃあ、どっちの言うことを信じるんだ？」という話になります。

そんな場合、こちらがちゃんと記録を取っていて「何月何日にこういう対応をした」と書いてあれば、やっぱりそちらの方が、信憑性が高くなりますよね。

そういうことが本当によくあるので、実は管理職からも、「必ず記録を取れ」と耳にたこができるほど言われていました。

また、これは防ぐのが難しいのですが、何気ない会話について、受け取り方の違いが原因で、トラブルになってしまうこともよくあります。

たとえば、こちらが冗談めかしたニュアンスで「そんな問題集やる意味ないよ（笑）」と言ったとします。それを生徒が親に「問題集はやる意味ないって先生が言ってたよ」と伝えて、それで親から苦情が来るみたいなケース。これはけっこうありました。

実際には、その前後の文脈があるのです。

「基礎がわかってないのに、そんな高度な問題集やっても意味ないよ」

というような。それが生徒から親に伝わる時点で、

「先生が問題集やる意味ないって言ってたよ」

という話になってしまう。特に小学校だと、こういうトラブルが多いです。

雑談の中でのちょっとした冗談が歪んで受け止められたり、真に受けられたりしてしまうというのは実際にけっこうなリスクといえます。

私自身の経験で言うと……中学生って、教師にやたらと年齢を訊いてくるんですね。

「先生、何歳？　教えてよ」と、1日に何回訊かれるかわかりません。現役時代の私は20代・30代だったのですが、ちょっと面倒くさくなって、「56歳だよ」と適当にあしらったことがありました。

すると、次の日にその子の保護者とバッタリ会って、訊かれたんです。

「先生、56歳って本当ですか？」

正直「いや、信じるなよ」と思いましたが、そんなこともあるんです（笑）。

先生のフトコロ事情

時給換算するとビックリするくらい低い教師の給料

ここで、教員のフトコロ事情についてもお話ししましょう。

とりあえず食いっぱぐれる心配がなくて、安定していて、比較的高給……教員に対してそのようなイメージを持っている人は、けっこう多いのではないでしょうか？

総務省の「令和5年4月1日地方公務員給与実態調査結果」によれば、教員の平均月収（諸手当も含む）は、小・中学校で約41万円、高校で約43万円とされています。

平均的なサラリーマンに比べてもけっこう高めです。教員は夏冬の年2回、2ヶ月分のボーナスが支給されます。そのため、実質16ヶ月分の給料をもらっていることになるのです。

もちろんこれはあくまでも「額面」の話。天引きがけっこう多いので、実際の手取りはもっとずっと少なくなります。

私自身は、20代前半の頃が手取りで月22万〜23万円、30代でも月27万円ぐらいだったと記憶しています。

しかし、これを時給換算すると、実は教師の給与はとても低いことがわかります。たとえば、1ヵ月の勤務時間160時間に、残業100時間とすると、月間260時間働いていることになります。すると、月給が仮に40万円だとして、260で割ると、時給およそ1538円となります。

40万円÷（月160時間勤務＋残業100時間）＝1538・46円

これじゃアルバイトより少し高いくらいです。

過酷で、拘束時間が長く、資格が必要で、しかも時給は最低水準という……。これでは教員志望者が減少してしまうのも当然です。

ちなみに同じ公務員でも、消防士や警察官には夜勤手当や休日出勤手当が必ず出ます。だから、同年代の警察官や消防士に給料を訊いたら、当時の私の1・5倍ぐらいもらっていて驚いたことがありました。

もちろんそれぞれの仕事特有の大変さはあると思います。でも彼らは、きちんと週休2日制が守られています。教員は彼らよりも低い給料で、週休0日制なんです……。

残業代9000億円未払いの『定額働かせ放題』

「教員は定額働かせ放題」と揶揄されるように、いくら残業しても残業代が出ません。

なぜか？

それは「給特法」、正式には「公立の義務教育諸学校等の教育職員の給与等に関する特別措置法」という長い名前の法律があるからです。

給特法の第三条の2に「教育職員については、時間外勤務手当及び休日勤務手当は、支給しない」とあるのです。

なぜ残業代を出さないのか？　というと、教育という大切な仕事には終わりがなく、ここまでが仕事！　と割り切ることができないから、ということです。たとえば先生が授業のプリントを作るために残業したとします。でも、そのプリントがなくても授業はできますよね？　でもその先生は子どもたちのために、自ら残業してプリントを作っているわけです。

他にもたとえば先生が読書したり、ピアノの練習をしたりするのも、最終的には子どもたちに還元できるかもしれないし、できないかもしれない。やってもいいけど、やらなくてもいい。

そういう割り切れない仕事が多いから、教師に残業代は出さない。その代わりに、やってもやらなくても給料に4％を一律に上乗せしますよ、という風に給特法で定められているのです。

これは『教職調整額』と言って、民間企業の一部で採用されている固定残業代・みなし残業代に近いものです。

しかし、この手当に納得している教員はいないでしょう。給料の4％上乗せと言っても、たとえば月収30万円だとすると、100時間残業したとしても、たったの1・2万円しかもらえないのです。民間企業で月に100時間残業したら、残業代は200万円にも上るのではないでしょうか？

教員全体で計算してみるとこの金額はさらに膨れ上がります。文部科学省は、教員の勤務実態に応じた給与支払いを行う場合、年間9000億円規模のコストが発生する可能性があると試算しています。これでは超絶ブラックと言われても仕方ありません。

ところで教師の給料は、基本的には年功序列です。つまり、仕事をがんばろうが、サボろうが、だいたい同じような割合で給料が上がっていくのです。

仕事ができない（やる気がない）人からしたら、安定して良い職業なのかもしれませんが、がんばっている教師からしたら理不尽でしかありません。

がんばっている若手教師よりも、サボっている年配教師の方が、給料が高い……なんてことは当たり前にありました。

私も朝から晩までめちゃくちゃ働いて残業100時間状態だった時に、あまり仕事をしない年配教員の給料を聞いて目が飛び出るほど驚いたことがあります。

その人は定年間近で、授業数も少なく、部活も持っておらず、いつも職員室で新聞を読んだり、雑談したりしているような暇な教員だったのですが、その当時の私の倍ぐらいの給料をもらっていたのです。こんな不公平なことがあるのかと歯ぎしりするような思いでした（『仕事ができない教員』については第5章で詳しく解説します）。

●まとめ●

働き方の本音

・忙しすぎる！　残業が多すぎる！　なのに残業代ゼロ円はツラすぎる
・働かない教員も給料が上がる制度は理不尽

子どもの未来を守るために…

保護者にお願い

・学校は治外法権じゃない。
犯罪行為をしたら警察に通報されることもあると理解してほしい

社会に求めること

・定額働かせ放題の給特法は諸悪の根源。
すぐにでも廃止すべき

コラム3

若手教師の本音

やりがいはあるけど……転職を考え始める若手教師

コラム3では、現場の『若い教師』たちの本音をお届けします。

まずお伝えしておきたいのは、回答してくれた先生方の多くが、生徒と関わることを楽しみ、教員という仕事に大きな魅力ややりがいを感じている、ということです。それを知って、ほっと胸をなでおろしている保護者の方も多いかもしれません。

ただ、一方で、あまりに多すぎる仕事量に、誰もが疲弊してしまっている現状も見てとれます。

以下、若手の先生方の生の声を聞いてみましょう。

「先輩方の働き方（土日出勤は当たり前等）を見ていると、自分の将来に希望が持てません。私自身も、平日に終わらなかった仕事を土日に片付ける日々です。転職も視野に考えるようになってきました」

「部活動がなくなってほしい。定時で業務が終わるような業務量にしてほしい」

やはり、熱意があったとしても長時間労働がキツいというのが本音。特に、部活はなくなってほしいという声が少なくありませんでした。

「できれば部活の顧問はやりたくないけど、周りからの『同調圧力』に屈して受けざるを得ない。ほとんど強制的に部活をやらされている。強制するなら時給2000～3000円は出してほしい」

……という声もありました。

管理職への不満

保護者や地域からのクレームへの対応には、多くの教員が悩んでいます。そんな中で、「管理職が助けてくれない！」と嘆く先生も少なくありません。

「上からのサポートや援護が何もなく、最前線の教師がひたすらクレームを受け続けることで心を病んでしまった」

「明らかにおかしいクレームに対しては、強気に出られるような管理職を採用してほしい」

……といった声が聞かれます。

いつも最前線で戦い、矢面に立たされているのは部下である現場の教師たちです。時には前面に立って責任を引き受けて、彼らを守るのも管理職の大切な役割でしょう。

若手の教員離れへの危機感

若手がドンドン辞めていく、教員の成り手がドンドン減っていくことに、現場の教員たちは当然ながら危機感を抱いています。

「ここ数年は、同じ職場の20代の若い子が相次いでやめたり転職したり……。数年なら耐えられるけど、定年まで続けていく自信がもてないというのが本音らしい。若い子たちが安心して働ける制度や環境づくり、ベテラン教員の意識改革をしないと、これからも教員離れは続くだろうなと思っています」

「仕事内容に対して給料が安いと感じます。超氷河期に教員になったので、当時は安定していていいなとも思ったが、結局一般企業の友人の方が、給料が高い。休日の部活動がやはり負担だし、若い世代はやりたがらないと思う」

これが先生方の本音です。これについての私からの提言は、第6章を読んでみてください。

第4章

生徒が気になる先生の本音

先生が言えない裏事情

実はクラスは、こう決まっている

「好きな子と一緒のクラスになるにはどうしたらいいですか？」
「嫌いな子と別のクラスにしてって言ったらしてもらえますか？」

年が明けると一気に増えるのが『クラス替え』についての質問。中高生の視聴者から毎日のようにDMが届きます。最近では保護者の方から「クラス替えが心配です」「意地悪してくる子がいるみたいなんですが、先生に言っておいた方がいいでしょうか？」というような相談も増えています。

そもそもクラスの編成はどのように決めているのでしょうか？

実はクラス替えの準備はけっこう早くて、12月頃から始まっています。そして、3月の頭にはほぼ決定。春休みに入る頃には確実に決定しているのです。

まず、学年の生徒全員を、成績順・テストの点順に並べて整理します。それを、平均点が大体同じぐらいになるように並び替え、各クラスに割り振っていくのです。

小・中学校は義務教育・公教育ですから、公平・平等であることが一番重視されます。A組だけ飛び抜けて平均点が高く、B組だけ低かったら、きっと授業の質にも差が生まれてしまいますよね？　だからまずは、点数をならす作業をして、どのクラスも同じぐらいの平均点になるようにするわけです。

その上で、たとえばそのクラス内にリーダー的な子や、ピアノを弾ける子がいるか、同じ部活の子だけが集中していないか、などを考慮しながら、調整していきます。仲の悪い子同士、トラブルがあった子同士を別のクラスにするのも、この時点です。

重視されるのは学年全体のバランス、そしてできるだけトラブルが少ないことです。

「先生ってお気に入りの子を自分のクラスに集めてますよね？」

と聞かれることもあるのですが、そういうことはほぼできません。

たとえばある先生がお気に入りの生徒ばかりを集めてしまったら、その分、他のクラスが影響を受けるから。そんなの周りの先生も許すわけがありませんよね。どこかのクラスで学級崩壊が起きたりすると、それをキッカケに学年全体が荒れてしまう、ということも起こりかねないからです。

先生は職員室で生徒の悪口を言っている？

「先生って職員室でなに話してるんですか？」
「生徒の悪口言ったりしますか？」

この質問もよく届きます。生徒たちからしたら、職員室という子どもが入れない空間の中で先生方が何を話しているのか？　とても気になるようです。

まず職員室で、生徒のことを話しているか？　ということについては、これはかなり話しています。

たとえば、「○○さんが今日授業ですごくいいことを言ったよ」ということもあれば、「あの子今日全然やる気なくて、ずっと寝てたよ」みたいなこともあるわけです。

もちろんある程度配慮しながらではありますが、先生の性格もいろいろですから、中にはけっこうきついことを平気で言う人もいます。

だから「職員室で生徒の悪口を言っているの？」と訊かれれば、「そりゃ言うこともある」ということになります。

教員だって人間です。人の好き嫌いがあったり、ときには悪口を言ったりすることもあるのは当然でしょう。

ちょっと前にニュースになりましたが、先生同士の職員室での生徒に関する会話が、タブレットで録音されて、音声が流出したことがありました。話題に上がった生徒の1人がその音声を聞いて、不登校になってしまったというのです。

悪口を言っていたかどうかは別として、これについては正直、録音を流出させた生徒も悪いとは思います。でも職員室内でもどこでも、教師は言動に気をつけないといけないということでしょう。

ちなみに、教員は「飲食店で飲む時なども、言動に気をつけるように」と言われます。飲食店で隣に生徒が座っていればさすがに気づくのですが、たとえば生徒のお父さんが座っていてもこちらは気がつきません。でもむこうは「あ、息子の担任の先生だ」と気づきます。そんな状況の中で「うちのクラスが最悪でさぁ」などと愚痴を言い始めてしまったらもう最悪。学校に対する信用は一気に失墜してしまいます。

私も教員時代にスーパーで「あ〜！　すぎやま先生！　いつもお世話になってます〜」とお母さんから声をかけられることがよくあったのですが、「〇〇の母です」と名乗ってくれないと、こちらは誰のお母さんかわからないのです。結局、最後まで誰かわからないまま雑談した、ということが何度かありました（笑）。

ブラック校則への本音

理不尽なブラック校則が生まれる仕組み

『ブラック校則』もたびたびSNSを賑わせる話題のひとつ。

実は私がショート動画でバズったのは、2020年に出したブラック校則についての動画が、中高生の間で共感を集めたことがキッカケです。なので、ブラック校則問題についてはここ数年、本当に真剣に向き合ってきました。私のSNSを見てブラック校則という言葉を知ったという人も多いと思います。

変な校則というは昔からありましたが、なんでこんな意味不明な校則ができてしまうのでしょうか？

たとえば、『くるぶしソックス』が出始めた頃の話。

くるぶしぐらいまでの短いソックスは今では当たり前にあるものですが、それが世に広まりはじめた頃、ある体育教師が激怒していました。

「なんだその靴下は！　そんなくるぶし丸出しの靴下で運動して、くるぶしをケガしたらどうするんだ！」と。その後、職員会議でこう言ったのです。

「最近、くるぶしソックスが流行っていますが、くるぶしを露出した靴下は運動にふさわしくありませんので、もし履いてくる生徒がいたら注意するようお願いします」

それに対して私は質問しました。

「くるぶしソックスって、スポーツメーカーから出されているものもありますし、陸上選手は昔から履いていますよね？　なぜ運動にふさわしくないのですか？」

するとと体育教師はこう言ったのです。

「くるぶしを守るためです」

……いや、たとえ長い靴下を履いていたとしても、そこまで防御力は高くないと思うのですが……。しかも「体育の時は半袖・半ズボン！」と言って、肘・膝を丸出しにさせておきながら、なぜくるぶしだけはそこまでして守ろうとするのでしょうか（笑）？

体育教師の声高な主張に対して、他の先生からの反論はなく、結局、くるぶしソックスは禁止になりました。変だと思っている先生もいたはずですが、教員は忙しすぎるので、そこで徹底討論している時間も余力もないのです。

そうして1人の教師がなんの根拠もなく、100%主観で主張したことが、そのまま校則になってしまい、後々まで残ることになってしまったのです。そういうことは、本当によくあります。

『ツーブロック』で事件や事故に遭う？

髪形もそうです。ブラック校則問題の中でよく話題に上がるのが、『ツーブロック禁止』と『ポニーテール禁止』。

ツーブロックというのは、頭の上の部分は長さを残して、サイドを短く刈り上げた髪形のこと。昔からある髪形なのですが、2020年頃に再びこれが流行りはじめた頃の話です。

ある学校で生徒指導の先生が、「おいお前、なんだその髪形は。そんな髪形許されるか！」と急に言い出したんですね。

それで、そのまま『ツーブロック禁止』という校則になりました。理由なんてありません。ただの主観です。

ところが、ツーブロックはあっという間に全国各地、ほとんどの高校で禁止になりました。なぜかというと、ツーブロックはそれだけ全国で流行っていたからです。

流行りというより、今ではミディアムヘアの男性がツーブロックなんて、むしろもう当たり前になっています。理容師さん曰く「日本人は頭のハチの部分（サイド）が張っているので、ツーブロックにしてサイドのボリュームを抑えないとバランスが悪くなる」とのことです。

だから、高校生に限らず、会社員も、学校の先生だってツーブロックの人もいます。決して奇異な髪形ではないのです。

ところが一部の教員の中には、流行っているもの＝よくないもの、という考えが昔からあります。衣服の乱れが心の乱れ、ファッションに気を使っている暇があったら勉強しろ、というのです。

「そんな髪形で入試に行くつもりか!?」と言う教師もいますが、なぜ社会一般で許容されている髪形で行って落とされるのでしょう？

声がデカい一部の先生が流行っているものを敵視したり、主観で決めつけたりして、理不尽なブラック校則をつくっていく。このようなことは、今でも続いています。

ちなみにツーブロックについては、2020年7月に東京都議会で「(都立高校では)なぜツーブロックはダメなのでしょうか?」という質問に対して、当時の教育長が、「外見等が原因で事件や事故に遭うケースなどがございますため、生徒を守る趣旨から、定めているものでございます」と回答し、「ツーブロックが原因で事件や事故に巻き込まれることなんてあるのか?」と大きな話題となりました。

奇しくもこのことがキッカケでブラック校則は世間の関心を集めることとなり、結局、東京都教育委員会は都立高校では「2022年度から理不尽な校則を全廃する」と宣言するに至りました。

「男子を欲情させないため」ポニーテール禁止

『ポニーテール禁止』も、意味不明なブラック校則のひとつ。

鹿児島市の女子生徒が「校則でポニーテールが禁止されているのはなぜか?」と担任に尋ねたところ、「男子がうなじに興奮するから」と返答されたという南日本新聞の記事がYahoo!ニュースにも掲載され、瞬く間に大きな話題となったのです。

その波紋は海外にまでおよび、私のところにも、海外メディアから取材が来ました。まったく意味のわからない謎ルールですが、教師からすると「あるある」なのです。さすがに「うなじに欲情する」などとは言いませんが、私が勤務したほとんどの学校でもポニーテールは禁止でした。

こういう社会の常識からかけ離れたヘンなルールが、地域限定ではなく、全国規模で存在しているのです。

たとえば生徒が髪を真っ赤にして就職試験に行くとしたら、「それはちょっとマイナスになるんじゃないかな。あなたはどう見られたいの？」という指導をするかもしれません。

もちろん、グローバル化が進む社会の中で、髪色や髪形、そもそも外見的な要素で人を判断するのはよくないという考えもあるでしょう。でも少なくとも今の日本社会では、一般論として、そういう奇抜な髪色は良い印象を与えないことはたしかだと思います。

では、ツーブロックやポニーテールはどうでしょう？　ツーブロックなんて、むしろ爽やかで、好印象だと私は感じます。

くるぶしソックスも、ポニーテールもそう。誰がどんな靴下を履いていようが、誰も何も思わないでしょう。学校の謎のルールは世間一般の感覚と乖離しているのです。

「下着は白！　靴下は白！　靴も白！」とかいう校則もそうです。

逆に、一般的には白い靴下はビジネスマナー的にNGとされています。スーツに白い運動靴というのも変でしょう。

ところが学校では制服に、白い靴下、白い運動靴じゃないと「身だしなみがおかしい」と言われます。

下着もそう。特に女性の場合は、白いブラウスに白い下着だと透けてしまうため、あまり好まれないことが多いです。男性でもベージュやグレーの肌着を着用する人も多くなっています。

ところが学校現場では、わざわざ服をめくって調べるほど、なぜか白の下着に異常に執着をしています。白＝清潔感がある、という認識なのだと思うのですが、社会で通用しないようなルールをわざわざ押し付ける必要があるのか疑問です。

思春期の女子に関していうと、『体育で下着の着用禁止』という異常なルールが話題になったこともあります。

「汗をかくので、体操着の下に下着（ブラジャー）を着用してはいけない」というルールが川崎市の多くの小学校で存在するということで、2021年に話題になったのです。でも、高学年の女子ともなると、当然、胸が成長してきます。場合によっては、ブラジャーなしで運動したら胸が揺れたり、運動しづらいこともあるでしょう。

なので、ブラジャーの着用を認めるかどうかを、教員がその子の胸を『目視』して判断するというのです。しかも、男性教員がチェックすることもあったそう。

もう完全に人権感覚が狂っています。チェックする本人も、周りの教員も、なぜその異常性に気づかないのでしょうか？　誰かが止めることはできなかったのでしょうか？

ここまで異常な校則を放置した先生方はさすがに罪深いと思いますが、通常の学校に見られるようなブラック校則については、実は多くの先生が「ヘンだな」と思っています。でも、それを変えるには、一部の声のデカい、押しの強い先生と戦わなくてはなりません。先生にはそんな余力もないし、正直そこまで徹底抗戦するメリットが先生個人にあるわけでもありません。

ブラック校則がそのままになってしまうのは、そのためです。

生理でも「タンポン入れてプールに入れ」という教師の感覚

『生理休暇』取得など、世間では女性の生理に対して配慮をすることが当たり前になってきています。

しかし、なんと驚くべきことに、生理でも水泳の授業を休ませてもらえない学校が、実はけっこうあるのです。

水泳の授業をやれるのは6月終わりから7月にかけての3～4週間と、かなり短い期間しかありません。

ところが、思春期ともなると「プールに入りたくない」「水着になりたくない」という子が一定数いて、毎回毎回『生理』という理由で休む子がいるのです。

授業を休むのは、テストを受けていないのと同じですから、当然成績は下がります。でもズル休みを野放しにしておくのもよくないということで、夏休みに補習の時間をつくって、そこで泳がせる学校もあります。

そこまではまだ理解できるのですが、「絶対にズル休みを許さない」という厳しいスタンスの体育教師が時々いるのです。そういう先生の中には「生理で休む」という生徒に、「生理でもタンポンを入れていれば血は出てこないんだから、プールに入りなさい」という人もいます。

これは、さすがに男性教員は言えませんから、女性の体育の先生がそう言うそうです。たとえ女性だとしても民間企業でこれを言ったら、即セクハラ・パワハラ認定されるでしょう。

中には「生理中で休む人はグラウンド3周」とか「腕立て・腹筋・背筋100回ずつ」とか言われる学校もあるそう。生理休暇を導入している世間の動きと逆行するような指導です。

思春期の女の子は、「生理で休みます」と申し出るのも恥ずかしいと言います。そんな中、勇気を出して言ったのに「タンポン入れて入れ」と突き返されてしまう。その時の女子生徒の心中を考えると心が痛くなります。すごくショックを受けると思います。

また思春期の生徒をはずかしめるルールといえば、修学旅行のお風呂場での『全裸水滴チェック』というのがニュースになったこともあります。

これは、浴場から出た後に体がちゃんと拭けていないと、脱衣所の床が濡れてしまうため、水滴がついてないかを教師がチェックするというもの。なんと、担当教師の前で、全裸でバンザイさせてクルリと一周させる学校もあるというのです。まるで強制収容所ですよね？

恐ろしいことにこれが全国各地の学校で行われているのです。これが異常だと気づかない教師は人権感覚が完全に欠如していると思います。

ブラック校則は、どうやったら変えられる？

私は2020年からSNSで、「くるぶしソックス禁止っておかしいよね？」「ツーブロック禁止ってなんで？」という話をしはじめました。すると、それに対して中高生からは「そうだよね」「うちの学校もそうです」「どうすればいい？」というコメントが大量に寄せられ、共感を集めたのです。

一方、大人の視聴者からは「えっ、くるぶしソックスって何？」「ツーブロックって禁止なの？　初めて聞いた」という反応がほとんど。それくらい世間の関心は薄かったのです。子どもたちがそんな理不尽な校則に縛り付けられているなんて、多くの大人は気づきもしなかったことでしょう。

ブラック校則は、生徒がいくら声を上げても、それで変わることは滅多にありません。「生徒がワーワー騒いだからルールを変えました」というのは、学校にとって体裁が悪いからです。

では、どうしたらブラック校則を変えることができるかというと、もっとも効果的なのは、保護者が声を上げることです。学校は保護者の声は無視できません。一番効き目があるのは確実に保護者の意見です。

たとえば自分の子どもが生理でもプールを休ませてもらえなかったとか、胸の発育をチェックされたとか、そういうことがあったら、バンバン連絡するべきだと思います。「クレーマーと思われないかしら？」と心配する方も多いですが、そういう理不尽から子どもを守れるのは親だけです。

子どもは適応力が高いため、異常な環境に置かれても、それが変だと気づかずに受け入れてしまうことがあります。大人がいち早く気づき、子どもたちを救ってあげてください。

学校教育でLGBTQは想定されていない

LGBTQに関するニュースを毎日のように目にするようになりました。ジェンダーフリートイレ、同性婚、パートナーシップ制度などなど。学校でもLGBTQに関する問題は見過ごせないものになりつつあります。

簡単に解説すると、LGBTQとはレズビアン（女性同性愛者）、ゲイ（男性同性愛者）、バイセクシャル（両性愛者）、トランスジェンダー（性別違和、性同一性障害）、クエスチョニング（その他）など、性的マイノリティの総称。

著者である私はゲイ（男性同性愛者）で、YouTubeなどでもカミングアウトしています。「ゲイになるのに何かキッカケがあったんですか？」とよく訊かれるのですが、LGBTQは多くの場合は、先天的なものです。

今も昔も、人口の約10％の割合で必ず存在すると言われています。これは左利きと同じぐらいの割合です。

1学年100人いたら、10人ほどは必ずそういう生徒がいるのです。1クラスでいうと2〜4人は必ずいます。

つまり、学校現場では「どのクラスにも必ずそういう子がいる」という前提で、教育活動をしていく必要があるということ。

ところが、学校教育においてはまだ根本のレベルからして、ＬＧＢＴＱ対応やジェンダー教育が進んでいないのが現状です。

まず、教育活動の大本である『学習指導要領』にＬＧＢＴＱに関する記載がありません。そこに載っていないということは、学校では、基本的にＬＧＢＴＱ教育は行わないということです。学習指導要領は、まだ『男女平等』の実現を謳っているレベルです。

現在の学校教育では、ＬＧＢＴＱの存在はそもそも想定されていないのです。

これには政治的な背景もあります。保守層は夫婦別姓反対、同性婚反対、ＬＧＢＴ理解増進法反対を主張する人が多いからです。その是非についてはここでは論じませんが、ひとつだけ理解してほしいのは、良い悪いに関わらずＬＧＢＴＱは存在するということ。

あなたの隣の席の子がそうだったかもしれないし、今のあなたの部下もそうかもしれません。あなたのお子さんがゲイという可能性だって大いにあるのです。「私の周りにはそんな人いない」と言う人もいますが、『いない』のではなく、『言えていない』

だけ。
ＬＧＢＴＱは一部の特異な人ではなく、常にあなたの目の前にいる人たちなのです。

今の学校は基本的に男子・女子を、性別で明確に分けるシステムの上に成り立っています。特に学年が上がれば上がるほど「男子はこっち、女子はこっち」というのがよりハッキリ区分されます。もちろんそれは生物学的に仕方のないことなのですが、一方で多様性に対する配慮がないと、そのせいで性別違和の子はツラい思いをすることがあります。

ちなみに性別違和というのは、心と体の性が一致しないこと、つまり心は男だけど体は女というようなケースです。一昔前は『性同一性障害』と言われましたが、今では『性別違和』と呼ばれています。

ただ今の時代、さすがにＬＧＢＴＱについてまったく知らない教師は少ないです。なので、理解があるかどうかは別として、もし生徒から訴えがあれば対応はできると思います。

もし性別違和を訴える生徒がいた場合、担任や保健室の先生が中心になって、対応を検討します。そして、職員会議などで「実は今こういう子がいて、こういう配慮が必要です。こういう声かけはしないようにしましょう」というように、職員の間で共通理解の形成が図られます。

ただし、それは本人や保護者から訴えがあったり、何かトラブルがあったりした場合のみです。そういう話が表に出なければ、そのような子どもはいない前提で教育活動が進んでいきます。

ＬＧＢＴＱが話題になっているとはいえ、まだまだカミングアウトしづらい世の中です。小中高校生が「私はゲイです」とか「私は、体は女だけど心は男です」なんて自分から言うのは、かなりハードルが高いでしょう。学校の先生方が少しでも「ＬＧＢＴＱの生徒もいて当たり前」というスタンスでいてくれたら、それだけでも心が救われたり、言い出しやすくなったりすると思います。

私のYouTubeの視聴者にも性別違和の子がいて、「プールに入りたくない」「スカートをはきたくない」と相談のＤＭが来ることがあります。

私が「誰か信頼できる先生がいたら言ってみな、担任の先生じゃなくてもいいから」とアドバイスすると、その子は学年主任に相談したようです。そうしたら、「いいよ、体育の先生に言っといてやるから、プールに入らなくてもいいよ」と言ってもらえたと、喜んでいました。

今の学校では『男性差別』が実は深刻

ジェンダー教育の問題に関して、私がもうひとつ深刻な問題だと思うのは、学校教育の中の『男性差別』です。

たとえば、男子は我慢して当たり前、男なら泣くな、むしろ男子にはちょっとぐらいツラい思いをさせるべきだ……それが当たり前だと思っていて、生徒にもその価値観を押し付けてくる教員はいまだに多いです。

これは教員の中でもそう。同じ立場、同じ給料だとしても、男性教員の方が大変な仕事をして当たり前、ツラくても文句を言ってはいけない、という風潮が強いです。

もちろん、女性には出産、授乳という、男性にはできない重要な仕事があります。でもだからと言って、男性に過酷な労働を強いていいわけではありません。

しかし、今の性科学では、ジェンダーやセクシュアリティというのは『スペクトラム（虹色）』、つまりグラデーションのように境目が曖昧なものとされています。

つまり、男性だからといって、男性性を押し付けられたくない子もいる。見た目は筋骨隆々でも内面は女性的な子もいるわけです。昔のようにバリバリ働いて上を目指したい男性もいれば、プライベートを大事にして、土日は家で家事をしたい男性だっているでしょう。

私はゲイなので男性差別に対する理不尽は、特に強く感じていたと思います。男子だって「運動嫌い！」「日焼けしたくない！」「髪伸ばしたい！」って子もいるんですよ。

新時代の子どもたちに教師が本当に身につけてほしいと思う力

「偏差値」は、実は社会では求められていない!?

生徒にとっても保護者にとっても、やはり学校生活最大の心配事は進路です。その進路選択の際に偏差値を気にする人は多いです。

しかし、偏差値や学歴などというものは、そもそも実社会では求められていません。さまざまな団体が「企業が求める人材像アンケート」のような調査を実施していますが、「偏差値が高い学生」「暗記力が高い学生」が欲しいと言っている企業はひとつもありません。

企業が求めているのは、コミュニケーション能力や主体性、問題解決能力が高い学生です。それらは、まさに今の学校教育で重視されていることと一致しています。小学校も、中学校も、高校も、大学も、そして企業も……なんとか偏差値教育、暗記教育から脱しようと、同じ方向を向いているのです。

ところが、受験産業と、それに踊らされた保護者だけが、いまだに学歴信仰の呪縛にとらわれてしまっています。そして、その考えを聞かされて育った子どもたちもそうなるでしょう。ところが企業や大学は、そういう考えで育ってきた若者たちをもう求めていない。ものすごいねじれ現象が生まれているのです。

企業が求める人材像というのは、時代によって変わります。

高度経済成長期にはマニュアル通りにバリバリ仕事を処理できる人、バブル期には『24時間、戦えますか。』というワードが流行ったように仕事第一人間が求められてき

求める人材像　～上位10～（複数回答、3つまで）

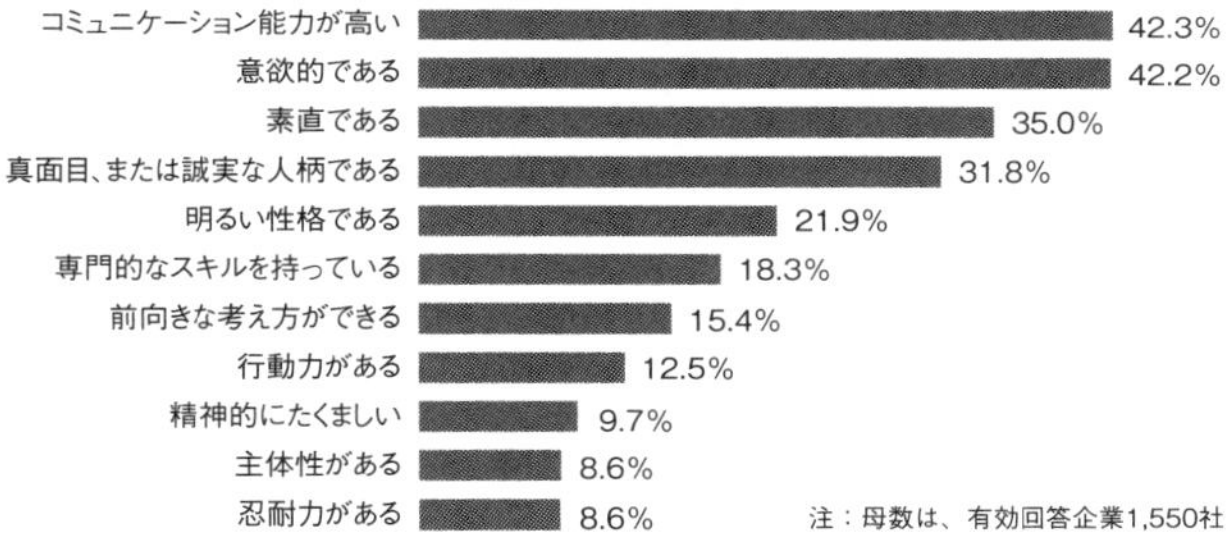

出典：帝国データバンク「企業が求める人材像アンケート」（2022年）より引用

ました。

その後、１９９０年代から２０００年代にかけては、多くの企業が「個性がある若者が欲しい」と言っていました。時代の風雲児ホリエモンが登場し、ヒルズ族がもてはやされたのもその時期です。

しかし個性重視で採用していった結果、人間関係のトラブルが多くなってしまうというデメリットも目立つようになってきました。そこで２０１０年代に入ると、逆に『協調性』や『人間関係調整力』が重視されるようになりました。

そうしたら今度は『指示待ち人間』『質問しない新卒』が目立つようになります。いくら偏差値が高くても、言わないとやらない、質問しない、自分で考えない、叱られたらすぐ辞める。

そんな変遷を経て、コミュニケーション能力や主体性が重視される方向に変わってきているのです。

このような状況を踏まえて、今の学校の授業も『やらせる』『覚えさせる』授業から、生徒が主体的に学んでいくような授業に変わってきています。

まず生徒に興味を持たせ、生徒が自分から「もっと学びたい」と思えるように意欲を高め、友だちとコミュニケーションをとりながら、自ら問題を解決していく。そういう授業が求められる時代になっています。

予測不可能な時代に求められる「主体性」と「問題解決能力」

これからは『VUCA』（ブーカ）の時代だと言われています。

VUCAというのは、Volatility（変動性）、Uncertainty（不確実性）、Complexity（複雑性）、Ambiguity（曖昧性）のこと。これらをひとまとめにすると、「予測不可能性」ということになるでしょう。

たとえば5年前にはオンラインでの会議などやったことない人が大半でした。それが今ではリアルで打ち合わせする機会の方が減っているくらいです。たった数年でこんなに時代が変わるなんて、誰が予測できたでしょう？

　また5年前に私がYouTubeで、「これからはショート動画の時代だ」と言ったら、「そんなわけがない。こいつは外国の工作員なんじゃないか」というコメントがたくさん入ったほど。ショート動画がすごいなんて言っても誰も信じてくれなかったんです。

　ＡＩもそうですよね。3年前に生成ＡＩを使っていた人なんてほとんどいなかったと思いますが、今では社会人から学生までChatGPTなしでは仕事にならないという人もいるくらいの状態になっています。数年後にこうなるなんて、誰も予想していませんでした。

　こんなに激しく変化していくのは、人類史上初めてのことです。江戸時代でも、明治時代でも、戦後ですらも、人々は何十年も同じような生活を送っていました。

　高度経済成長期でも、こうしていけば10年後には会社はこう成長する……というのが予測できていたのです。人々も良い大学を出て、良い企業に就職して、マジメに働いていれば順調に給料が上がっていく将来が約束されていました。だから、一生懸命学ぶのは大学まで。就職してから先はコツコツマジメに働いていればいい。そういう時代でした。

ところが今はそうではありません。

10年先どころか、3年先を予測するのも困難です。もちろん10年計画みたいなのは今でも大事ですが、それよりも3年、もっと言うと1年、2年ぐらいのスパンでいろいろなことを見直して、古くなったものはやめる。良いものはドンドン取り入れていく。そういう力がこれからは必要になります。

『生涯学習』という考え方もあります。大学までに学んだ知識・スキルだけで生きていくのではなく、一生学び続け、常にスキルを更新し続けていくことが大事、という考えです。

ＶＵＣＡの時代は必要に応じて、自ら学んでいく姿勢、新しいことに対応していく力、解決法を見つけていく力がさらに必要になっています。

そのための基礎になるのが、『主体性』『学ぶ意欲』『問題解決能力』です。無理やり勉強させて、勉強嫌いな子を量産してしまったら、ＶＵＣＡの時代に対応できなくなってしまうのです。

これからの時代、実はオタクと不登校が最強

不登校にはいろいろな子がいます。心の充電が切れてボーッと過ごしている子がいる一方で、中には元気な不登校、『アクティブな不登校』が一定数います。

夜中までひたすらゲームをやっていて朝起きられないから登校できない子、家ではめちゃくちゃ元気な子、マンガやアニメが大好きで本を読みまくっている子。

私が今フリースクールで教えている子の中には、ピアノが天才的にうまくて、学校に行ってたらピアノを弾く時間がなくなるから学校に行きたくない、と言う子もいます。

ＡＩがもっともっと社会に浸透してくるこれからの時代には、こういう『のめり込む力』を持った子どもこそが求められるようになる、と私は思います。ワクワクする感情の力、のめり込んで追求する力こそが、人間がＡＩに勝てる唯一の部分だからです。

いわゆる『オタク』も同じような可能性を持っています。彼らは一度ハマったら人目も気にせず、時間も忘れて朝まで何かに没頭する力を持っているからです。

ただ、彼らの多くはベクトルが内側に向いてしまいがちです。だからものすごい能力を持っているのに自己満足で自己完結してしまったり、独り言ばかり言っていてコミュニケーションが苦手だったりすることも多いです。

しかし、それは単にベクトルの問題、スキルの問題です。コミュニケーションのルールを教えてあげて、トンッと後ろから押して方向を変えてあげたら、その能力が一気に外に向かって開花することがあります。

YouTubeやTikTokにはそういう天才がたくさんいます。ただのオタクだった若者が発信する楽しみを知ったことによって、それに没頭して、一気にインフルエンサーになることも珍しくはありません。

日本の『オタク文化』はそれこそ世界に冠たるものです。ただのアニメオタクが世界に通用する文化人や専門家になる可能性は十分にあります。

文化面だけでなく、テクノロジーにイノベーションを起こすのもオタクです。イーロン・マスク、ビル・ゲイツ、マーク・ザッカーバーグなど、世界を牽引するテック企業の創始者たちだって元々はコンピューターオタクです。

そういう意味では、オタクが時代を作っていると言っても過言ではありません。近い将来、日本のオタクの中から世界を変えるような天才が出てくる可能性だって十分あるのです。

●まとめ●

生徒が気になる先生の本音

・先生も人間。悪口ぐらい言うこともある

・ブラック校則は先生もおかしいと思ってる

子どもの未来を守るために……

保護者にお願い

・ブラック校則廃止には保護者の要望が一番効果的。

　子どもを守るために動こう

社会に求めること

・ＬＧＢＴＱだけでなく、多様な価値観の子がいる。男らしさ、女らしさを押し付けるのはやめよう

コラム4

コロナ禍は学校の当たり前を変えた

学校行事の厳選・縮小とICTの活用

新型コロナウイルスの流行は、歴史に残る大災厄でした。

私はその時はもう教員を辞めていたのですが、あの時期の学校は本当にてんやわんやだったと、同期の教員たちから話を聞いています。

子どもたちも、修学旅行にも行けなかったり、行事が中止になってしまったり、部活の大会がうやむやになってしまったりと、悲しい思いをした子がたくさんいます。

一方、今回のアンケートで、コロナ禍が学校のいろいろなことを変えるキッカケになったという声もありました。

「コロナで行事が縮小され、外部にも公開しなくなった」

「運動会、文化祭が短くなった」

「始業式・終業式などは体育館に集まらなくてもできるということがわかった」などの声が先生方から寄せられています。

学校は新しいことを始めるのは得意だが、一度始めたことをやめられないと先述しましたが、奇しくもコロナ禍のせい（おかげ？）で、行事を精選することができたのです。

一方で、行事などのあり方を元に戻そうとする動きを懸念する声も聞かれます。


「コロナで地域からの依頼や部活動がなくなっていたのですが、ドンドン復活してきています」

「コロナで休んだ分を取り戻そう！　みたいなことが言われはじめている」

「コロナで行事が軽減されたが、老害の校長が元に戻した」

「過剰な行事や部活がなくても学校は荒れないことがわかった。でも元に戻されてしまっている」


……こんな感じです。

——ただ、これから教員や管理職の世代交代もありますし、これらは一時的な揺り戻しかもしれません。——

第5章　教師への本音

学校をダメにする教師

実は熱血教師が学校をダメにしている

教師を主人公にしたドラマは昔から人気があります。

そんな学園ドラマに出てくる主人公は、ほとんどがいわゆる『熱血教師』。生徒のためならわき目もふらずに突っ走り、ときには保身しか頭にないような校長やイヤミな教頭と衝突することも辞さないようなタイプ（教頭は学校で一番大変な仕事なのにドラマではだいたい悪役なので可哀想です（笑））。

そして、そういうドラマに憧れて教師になったという人も少なくないと思います。

実際の現場には今も、いわゆる『熱血教師』は一定数存在します。いつもクラスの中心にいて、体育祭の時には先頭に立ってクラスを盛り上げ、部活もバリバリやって、時には本気で生徒とぶつかり合っていくような。

しかし、私は正直、そういう熱血教師があまり好きではありません。同じように思っている先生は少なからずいると思います。

なぜなら、熱血教師が今の学校で求められている学びのあり方と、対極に位置する存在だからです。

今の学校での教育観では、主役はあくまで子どもたち。ところが熱血教師のドラマでは、主人公は先生です。子どもたちを導くヒーローとして描かれています。熱い想いで生徒を導く立派な先生と、愚かで、ときに道を踏み外してしまう生徒たち、という図式です。

昭和から平成の前半にかけては、たしかにそういう図式が明確にありました。

当時は今と違って、大人と子どもが得られる情報量には絶対的な格差があったからです。圧倒的知識量を持っている人生の先輩と、まだ何も知らない子どもたち。その頃にはそういう力関係が、たしかに存在していたと思います。

でも今の時代は、学びの主役は子どもです。

教師には教え込んだり、やらせたりするのではなく、生徒が主体的に学び、自ら問題を解決していけるように授業を設計し、伴走し、場をコーディネートするような役割を求められているのです。

ところが熱血教師はこの真逆。自分が先頭に立って生徒を引っ張り、生徒の意見よりも自分が言いたいことを言うタイプです。

熱血教師は、自分が主役です。目立ちたがり屋なので、集会や行事の時にはドンドン前に出て、冗談を言ったりして生徒のウケを狙います。

生徒は先生の熱気に当てられて、なんとなく学んだような気にさせられてしまうかもしれません。先生が自分たちのことを思ってくれていて、熱心にやってくれているように思うかもしれません。

熱血先生が一生面倒を見てくれるならそれでもいいかもしれません。でも生徒は3年後には巣立っていくのです。熱血先生という強烈なリーダーに寄りかかって育った生徒たちは、それから何を支えに生きていけばいいのでしょう?

私が見てきた中で尊敬できるなと思った先生は、そんな派手なパフォーマンスをしたり、下らないダジャレで生徒の人気を取ったりはしません。

丁寧に事前指導をし、大事な場面では、生徒が前面に出て、自分でできるように育てる。それを教室の後ろから微笑みながら見守っている。そういう先生こそ本物の教師だと思うのです。

実はけっこういる『仕事ができない教師』

そして、熱血教師よりももっとタチが悪いのが『仕事ができない教師』です。

たとえば、Excelの使い方がわからない、書類の提出期限を守れないなど。それ以前に、書類をちゃんと作れず、適当な書類を作って出してくる人もいます。

教員は「授業案（指導案）」というのを書きます。企業での企画書と同じようなものです。

これは書式が特殊だったり、書き方が面倒だったりという問題もたしかにあります。それで、中には「授業案なんて必要ない」「そんなの書かなくても授業はできる」と言う人もいます。

いやそういう主張をする前に、書式というのはルールなのでちゃんと守るべきだし、それ以前に日本語も支離滅裂、内容もスッカスカな人も多いのです。こんなの民間では通用しませんよね。私は今、企業からSNSコンサルティングのご依頼をよくいただくのですが、もし「企画書なんて書けません」とか「アイデアは頭の中にあります」なんて言ったら、どこも取引してくれないでしょう。

私は20代の頃から『研修主任』という役に任命されることがたびたびありました。

それで、全職員の授業案をチェックするのですが、もうビックリするような出来で出してくる人がいます。20代の私が50代の先生の授業案に赤ペンを入れて、真っ赤にして返すのです。

それも内容の問題というより、「目標が書いてありません」とか「整合性がとれていません」みたいな授業以前の問題ばかりなのです。

さらにそういう先生は「授業案なんて手間がかかるだけだから書く意味がない」と豪語するのですが、そういう割に授業がうまいわけでもないので困ります。

生徒との関係作りが下手な先生もたくさんいます。しょっちゅう生徒とトラブルになってしまうような先生です。中には、言ってはいけないようなことをすぐに言ってしまったり、突発的に叩いてしまうようなタイプもいます。

周囲の先生方は「またあの先生か……」と思いながら、なんとかフォローしようとするのですが、生徒からしたらそんなこと関係ありません。あっという間にすぐに授業崩壊してしまいます。

残念なことにそういう先生が、実はけっこういるのです。授業も下手、生徒との接し方も下手、担任も持たせられない、部活の顧問も任せられないという先生もいます。民間企業だと、ちょっと考えにくい話かもしれません。場合によっては閑職に追いやられて給料を下げられたり、『追い出し部屋』みたいなところに追いやられたりして、ジワジワと退職に追い込んでいくような案件です。

でもダメな先生は、周りに配慮されながら現場に居続けます。

なぜかというと、まず教員は公務員なので、簡単にクビを切れないから。クビを切れないどころか、給料を下げて締め上げることもできないのです。むしろそれでも年と共に給料は上がり続けます。

辞めさせることができないので、現場としてはある意味それを『守る』ような状態にならざるを得ません。そういう先生をそのまま放置しておくと、授業が崩壊し、それがキッカケで学級が崩壊し、最終的には学校全体が荒れることになるから。

なるべくボロが出ないように、仕事を極力減らしたり、授業数を減らしたりして、その分は他の先生がカバーすることになります。

その結果、仕事ができる先生のところに仕事が集中し、がんばっている人が割を食うような形になってしまうのです。

特に、『仕事をしない教師』のシワ寄せが『できる若手』にいってしまうケースがよくあります。そのため、周囲から『できる若手』と思われているような、がんばっている先生から心を病んでいくのが実情です。

今も他の教員の倍ぐらいの事務を背負って毎日朝早くから夜遅くまで必死にがんばっている若い先生がたくさんいます。そういう先生が学校を回しているのです。

仕事をしないバブル世代の教師問題

こういう話をすると「差別だ」「偏見だ」と言われることがあるので、とても言いにくいのですが、『仕事ができない教師』として、現場で特に問題視されがちな世代があります。それはいわゆる『新人類世代』『バブル世代』と呼ばれる世代（1955～70年ごろの生まれ）の人たちです。

その世代の先生方は『でもしか先生』などと、現場でも陰で囁《ささや》かれていることもありました。「教師にでもなるか」「教師にしかなれない」人たちという意味。

最近は『ジェネレーションハラスメント』という言葉があり、世代を一括りにして批判すると怒られてしまうこともあるのですが、これは私が実際に現場で何度か耳に

総計 受験者数・採用者数・競争率（採用倍率）の推移

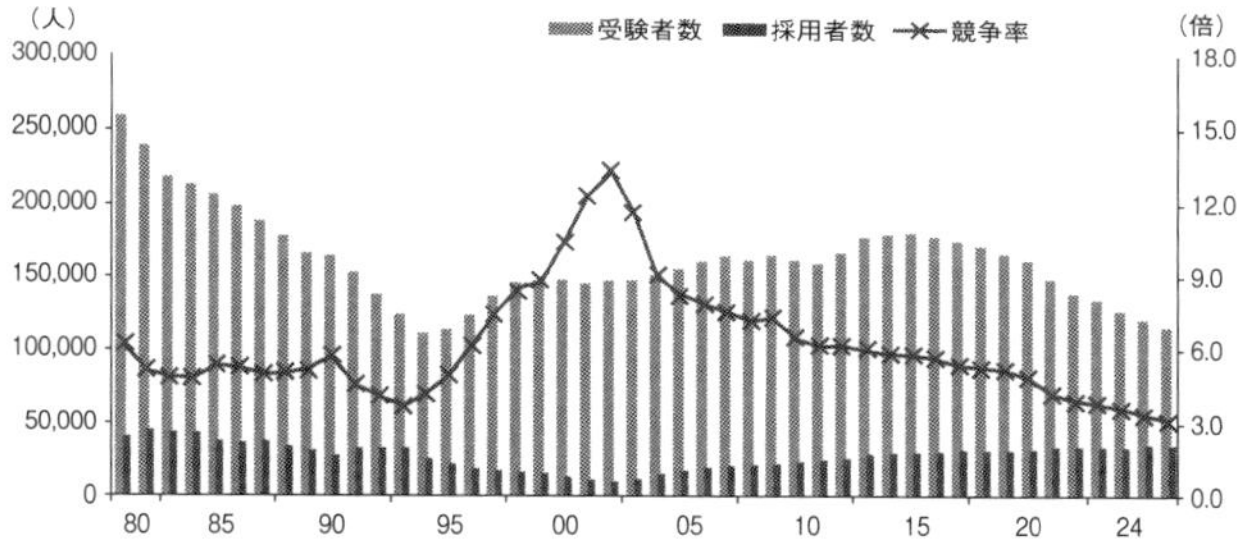

（注）「総計」は小学校、中学校、高等学校、特別支援学校、養護教諭、栄養教諭の合計

出典：文部科学省「令和6年度（令和5年度実施）公立学校教員採用選考試験の実施状況のポイント」のデータを基にSBクリエイティブ株式会社が作成

した話として聞いてください。

1970年代後半〜80年代、日本はもっとも経済成長し、好景気に沸いた時代でした。

その時代、世の男性たちの間では「商社に勤めてバリバリ稼いだ男が勝ち組。公務員や教師になるような奴は負け組」というような風潮があったのです。

だからあの時代に教師になった人たちの中には、半ば仕方なく教師になった人たちも多い、という話は教師の間でもよく聞く話でした。

実際、当時の教員採用試験の倍率を見てみると、教員不足のここ数年と同じぐらいの水準と、低迷しています。

公立中学校（平成25年度）　公立中学校（令和4年度）

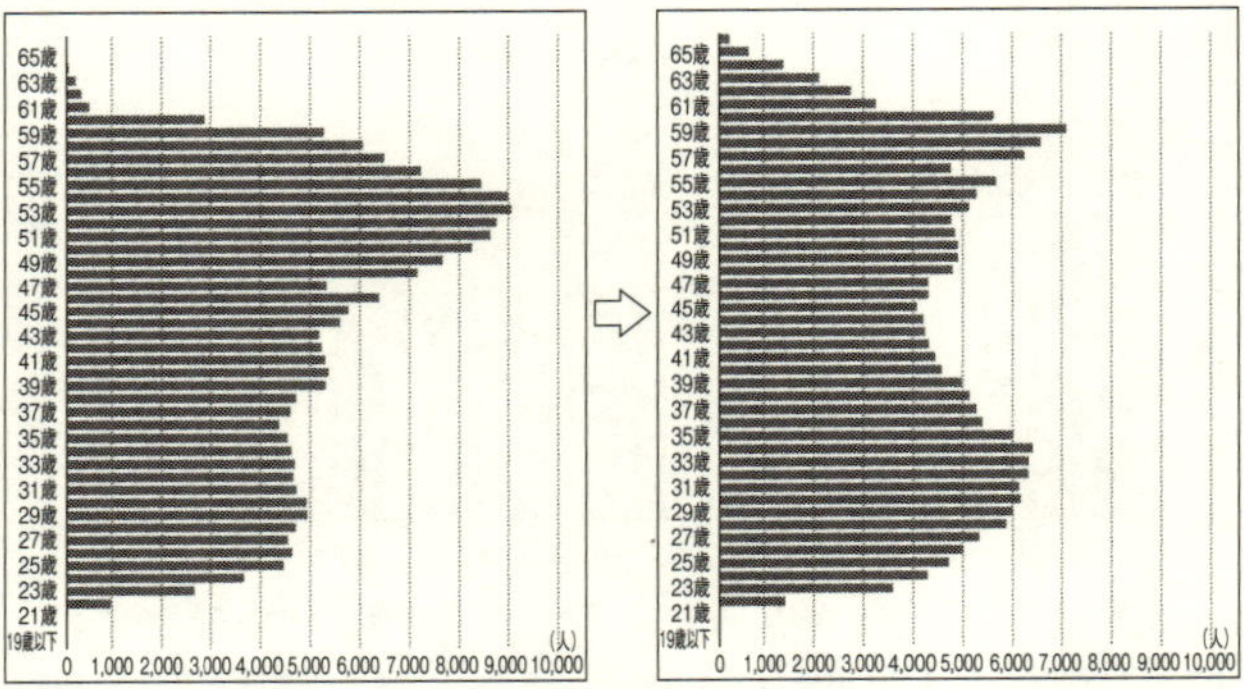

出典：文部科学省「令和４年度学校教員統計（学校教員統計調査の結果）」より引用

私が現場で見てきた中でも、この世代は極端に志が低かったり、仕事ができなかったりする人が多かった印象を個人的には持っています。もちろん、ものすごく仕事ができる人もたくさんいましたし、尊敬できる優秀な先生もたくさんいましたが……。

しかも、とても厄介なのはこの世代の教員はとにかく多い！

文部科学省が発表している教員の年齢構成を見ると、明らかに世代による教員数に偏りがあることが如実にわかります。２０13年（平成25年）時点で59歳（１９５４年生まれ）〜49歳（１９６４年生まれ）の人たちだけ突出しているのです。

逆にガクッと凹んでいるところが私の世

代、いわゆるロスジェネ世代・就職氷河期世代です。ロスジェネというのはロストジェネレーションの略で、失われた世代という意味。就職難のせいでどこの職場でも少ない、今40代前後の世代のことをいいます。

そのせいで、「職場の半分は50代、30代は私1人」みたいな時もあったくらいです。このアンバランスさのせいで、働かない中高年教員を、数少ない中堅教員が支えるという歪みの原因になってしまっているわけです。

一方で今の若い先生たちは、逆に熱意のある人が多いように思います。

今、世間では教師という職業に対してネガティブなイメージが広まっていますよね。そんな中であえて教育の世界に入ってきたような人たちです。とんでもない情弱(情報弱者)か、逆にものすごく志の高い人か、どちらかなのでしょう(笑)。

実際、現場でも一生懸命働いてくれ、仕事の覚えもよく、生徒からも好かれる先生が多かったように感じています。

飲み会の締めで校歌を歌う体育会文化

私が熱血教師と並んで、今の学校教育に悪影響を与えていると考えているのが『体育会系文化』です。

体育会系の先生の発言力が大きいというのは、どこの学校でも普通に見られます。

地域による違いはあるとは思いますが、たとえば野球部の先生の人事が優先的に決められる地域があります（明文化はされていませんが、地域の教員はみんな理解していることです）。

夏の高校野球に見られるように、野球は学校だけでなく地域を挙げて応援するようなスポーツです。もしも野球強豪校に野球ができる先生が赴任しなかったなんて事態になったら、地域の野球部ＯＢみたいな人から教育委員会にものすごいクレームが入ります。

そのため、野球部がある学校には必ず野球ができる先生が配属されます。

逆に、学校に卓球ができる先生がいない、バスケ部があるけど顧問はバスケ経験者じゃない、ということはよくあるのですが、野球部ではそのようなことはほぼありません。

校長も、運動部の顧問で毎年成果を出して、中体連の支部長を経験して、たたき上げで校長になった、という人が少なくありません。そういう校長は体育会系の教師、部活をがんばっている教師が大好きです。

運動会や応援合戦、組体操も、体育会文化の最たるものです。整然と並んで入場行進する姿は、日本人からすると清々しいかもしれませんが、外国出身の生徒の中にはすごく嫌がる子もいます。「こんなのやるのは軍隊だけだ」と言うのです。

日本人は、小学生からの教育ですっかりこういうのに慣れてしまっていると思いますが、日本の学校は学校全体に、体育会系文化、軍隊的なノリがかなりあります。たしかに、外からは異様に見えるでしょう。

私は学生時代、大の運動嫌いで、ゲイだからかもしれませんが、男臭く「オー！」みたいな声を出すのもどうしても苦手でした。だから、自分が子どもの頃から、そして、教員になってからも、ずっとこの体育会系文化には疑問を持っています。

そして、そのような体育会系のノリは、実は学校内に限りません。これはどうやら私が働いていた県限定らしいのですが、教員の飲み会の最後に『エール』をやるのです（笑）。

「フレー、フレー、〇〇中！」みたいなやつ。

若手教員が前に立って音頭をとってみんなで「フレーフレー」と言わされるので

す。そして最後はみんなで肩を組んで校歌斉唱となります。

戦前のバンカラ大学生みたいなノリです。教員になったとき、「こんな世界なんだ……」と、衝撃を受けたのを覚えています。

私は、そのノリがもう本当にイヤで「もうやりたくない、やるんだったら飲み会は出ません」と言ったことがあるのですが、すると生徒指導主事の体育の先生と学年主任の先生に応接室に呼び出されて、2人がかりで説得をされたんです。「すぎやまさんがやってくれなかったら誰がやるの!?」と。

いや、誰もやらなくて結構です。

事故多発の「組体操」は、教師の意地の張り合い

体育会系文化が引き起こしている、深刻な問題のひとつが「組体操」での事故です。組体操は本当に危険な種目なのです。全国で毎年のように重篤な事故が起こっています。命をかけてやらなきゃいけない理由はないので、本来なら今すぐにでも廃止すべきです。

ところが、なかなかなくならない。なぜか？

そこには教員同士の意地の張り合いがあると私は思います。

小学校の先生は、部活や入試がある中学校に比べるとなかなか目に見えるような『成果』を出す機会がありません。そこで、一番気合いを入れるのが運動会です。運動会の学年の出し物では、今年の5年生のダンスがすごくそろっていた、6年生は組体操のピラミッドで何段いった、というところで張り合うわけです。

そして、それらがその学年の評価、ひいては先生の指導力の評価だという考え方が根強くあるのです。

そうすると、「去年は3段いったから、今年は4段いきたい」「少なくとも3段は絶対クリアしないと……」というような教員の意地の張り合いになってしまいます。

児童の命に関わるような危険極まりない組体操がいまだに廃止されないのはそのためです。

それほど危険なら、校長の鶴の一声でやめさせればいいのに、と思う人もいるかもしれません。しかし、校長は校長で、地域の人も見に来る運動会が行事として立派に繰り広げられることを期待しているため、そうはならないのです。

そのような事情もあるので、今後も組体操はなかなかなくならないでしょう。児童が亡くなるような重大な事故が起こらないことを願うばかりです……。

学校を良くする教師

目立たなくても、生徒に慕われる国語教師から学んだこと

ダメな先生像の真逆を考えれば、今の時代の理想の教師像も見えてきます。

ＴＶドラマの熱血先生は「お前ら、行くぞ！」と生徒を引っ張っていく先生でした。でも今の時代に求められているのは、生徒が自分から「よし、行くぞ」と行動を起こせるように指導ができる先生です。

そのために、まず何よりも「子どもが主役」と考えられるかどうか？　そして主体的・対話的で深い学びを通して、生徒の学力をつけられるかどうかです。

それを意識している先生は、常にそのことを研究しています。

私が教員としてとても大きな影響を受けた、尊敬する先生の中に、ある国語の先生がいます。その先生は、大声で生徒を叱ることも、くだらない冗談を言ってウケを狙うこともない、穏やかな女性でした。

彼女は授業の準備をきちんと進める方で、宿題も一人ひとりの分をしっかり見ていました。宿題には賛否両論ありますし、中学の先生は何しろ忙しいので、ハンコだけポンッと押して終わりにしてしまう先生も多いのですが、その先生は全員の宿題をそれこそ一字一句見ていたんです。

そしてその先生は、本当に『知的に』おもしろい授業をする方でした。たとえば自分の思い出の写真＋俳句というのを作って掲示物にまとめるなどして、生徒も楽しく取り組めて、保護者も参観日などに見たらうれしくなるような試みを、たくさんしていたのです。

知的な学習活動をさせてくれて、生徒一人ひとりのことをちゃんと見てくれるその先生は、生徒からも慕われ、とても信頼されていました。卒業生も毎週のように遊びに来ていたんです。

別におもしろい授業といっても、奇抜なことをしたり、ウケを狙ったりしなくてもいいのです。どうしたら子どもがこの授業に興味を持ってくれるか、どうやったら知的に楽しく勉強してくれるかをマジメに考え、一人ひとりに向き合う先生の授業は、生徒たちも純粋に楽しんで受けてくれます。

そういう先生は大声を出したり、パフォーマンスをしたりしないので、決して目立つ存在ではありません。残念ながら体育会系管理職からも評価もされにくいです。でも、「誰が本当に自分たちのことを考えてくれているか？」を生徒はよくわかっています。

「授業がおもしろい先生」の共通点は、雑談じゃなく構成がうまいこと

「私、人前で話すのが得意なんです」と恥ずかしげもなく言う人がいます。勘違いしている人が多いのですが、その場のノリでペラペラしゃべって、くだらない冗談を言ったりすること＝話がうまい、ではないのです。

熱血教師の中にも、雑談で生徒を笑わせて「俺は楽しい授業をやってる」と思っている人が少なくありません。

ハッキリ言いますが、それは『おもしろい授業』じゃなくて、ただの『おもしろい雑談』です。雑談がうまいのと、授業がうまいのは違うのです。

本当に授業がおもしろい先生というのは、いつの間にか生徒が勉強にのめり込んでいて、自分からいろいろなことを探求したくなるような、そういう仕掛けができる先生です。そういう先生は例外なく、脱線トークで誤魔化したりせずに、授業そのものをおもしろくする工夫をしています。重要なのは、教材選定や、問い、構成のうまさです。

手前味噌ではありますが、私が最近やった授業で例を挙げます。

まず導入として復元された縄文人と弥生人の顔を見せたりしながら、「縄文人ってどんなものを食べたんだろうね」と生徒に投げかけました。食べ物は身近な話題ですから、生徒もすぐに食いつきます。

資料を見ると、縄文人は木の実を食べていたり、イノシシを食べていたり、魚を捕って食べていたことがわかります。生徒はワクワクしながら食い入るように資料を見ています。その中で「縄文人って意外といろんなもの食べてたんだね」という話をして、「こういうのを『狩猟・採集』っていうんだよ」というような知識を教えるのです。

そこから「じゃあ、こんな生活をしていた縄文人の平均寿命って何歳ぐらいだと思う？」と訊きます。生徒からはいろいろな答えが返ってきますが、縄文人の平均寿命は33歳という有力な説を紹介。

「33歳だったら、先生もう死んでるね」などと冗談も言いつつ、今度は「じゃあ弥生時代の弥生人の平均寿命って何歳ぐらいだと思う？」と訊きます。これも35歳とか40歳とか50歳とか、いろいろな答えが返ってきます。

ところが生徒の予想をくつがえして、弥生人の平均寿命は31歳とされているのです。狩猟・採集の縄文人より、農耕を始めた弥生人の方が、平均寿命が短いわけです。ここで本題。「さぁなんでだろう？」と、生徒に投げかけます。

この時点で生徒は、縄文人の生活に興味を持って、クイズ形式で平均寿命を当てたりして、気持ちが盛り上がっています。そのため、自ら資料集で調べたり、ノートを見返したりしながら、真剣な眼差しで考えるのです。

この授業は自分でもおもしろい構成でできたなと思っています。

ちなみに、正解は弥生時代から戦争が始まったから。稲作をするようになったことで土地の取り合いが始まったのです。

「縄文時代は狩猟・採集生活でした」「弥生時代は稲作をするようになって戦争が始まりました」とただ知識を教えるだけでは、生徒は興味を持って学ぶことはできません。

生徒の身近な、興味を持てるところから始めて、いつの間にかのめり込んで考えてしまっている。そうすることで生徒の主体性や思考力を育てる。知識やスキルはその過程で身につけていく。これがおもしろい授業を構成するということです。

●まとめ●

教師への本音

・働かない教員の尻拭いを、がんばってる先生にさせないで
・生徒の前に立って自分が目立つ熱血&体育会系教師を優遇するのはやめよう

子どもの未来を守るために……

保護者にお願い

・熱血＝いい先生じゃない。
昭和的な熱血教師像を求めないで！

社会に求めること

・教員構成に歪みが生まれないように計画的に採用していってほしい

コラム5

教師の理想とやりがい

教師が思う「いい教師」って？

「いい教師」ってどんな先生だと思いますか？

やさしい先生、熱心な先生、教え方がうまい先生……いろんな意見があると思いますが、当の先生自身はどう思っているのでしょうか？

アンケートの中で、先生方が考える「理想の教師像」について聞いてみると、意外な答えが返ってきました。


「生徒をやる気にさせる！　好きなことを一緒に見つけてあげられる！　何より一番は『あんな大人になりたい』って思わせられる人は、子どもたちにとって最高の教員だと思います」

「子どもと一緒に考えられる、子どもと一緒に楽しめる、児童・生徒に寄り添った指導ができる教員」

「生徒の小さな変化に気づき、その生徒に合ったアクションができる教員」
「生徒の話を聴く教員、どんな生徒にも分け隔てなく個性を尊重できる人」

今の先生方はグイグイ引っ張っていくような熱血教師よりも、生徒に寄り添い、一緒に進んでいけるような先生を理想としていることがわかります。

また「授業がうまい、おもしろい人」「教科指導で生徒の心に火をつけられる」という声もありました。やはり先生の仕事の中で一番重要なのは授業。教科指導力があることも、教師の大切な力のひとつですね。

他には生徒の『主体的な学び』や『問題解決能力』を重視する意見もありました。

「生徒が学級のことをほぼ自分たちで管理できるようにできる教員」
「生徒に言うことを聞かせるのではなく、生徒の将来を考え、そのために必要な力を伸ばすことを考えている教員」

昔は先生と聞くと、「教える」「指導する」「怒る」というイメージが強かったかもしれませんが、今の先生の中ではそういう教師像は理想とされていないのだということがよくわかります。

「教師になってよかった」と思う瞬間

教員は子どもの成長に立ち会える、本来とてもやりがいのある仕事です。「教師になってよかった」と思える瞬間についても、さまざまな声が寄せられました。


「子どもの成長やがんばりを見られる、感じられること。学力面も、生活面も」

「子どもが友だち同士で協力し合って、成長や達成を喜び合う瞬間、その笑顔」

「授業中に、生徒の『できた』や『わかった』などのリアクションが得られたとき」

「子どもの心が育ったな、と感じる姿を見られたとき」

「体育祭の学年種目と合唱祭と卒業式」

私自身もそうでしたが、やっぱり卒業式や行事のときにグッときてしまう先生は多いようです。

また、それぞれの教科の先生からの声も寄せられています。

「英語を好きになってくれて、自分と同じように海外を回りたいと言ってくれるとき」

「生徒に数学の力がついていくのを実感するとき」

生徒が自分の担当する教科を好きになってくれたり、学力を伸ばすのを見られたりするのは、うれしいものです。

そして、生徒の成長する姿を見るだけでなく、生徒や保護者からポジティブな声をかけられれば、喜ばない先生はいません。「生徒や保護者からお礼を言われたとき」「授業に対して生徒からポジティブな意見をもらったとき」という回答もたくさんありました。

第6章 持続可能な学校にするための5つの提言

ここまで、著者である私の体験や、現役の先生方へのアンケートを基に、教師の生の声、学校現場の実情をお伝えしてきました。暗い気持ちになった方も中にはいるかもしれません。

でも、本書の目的は愚痴を言うことではありません。

子どもたちの未来のために、まずは学校の現状を知ってほしい。

日本のため、子どもたちのために、学校をどうしていけばいいのか？　私たちにできることはなんなのか？

みんなで考えるきっかけをつくりたい。

そんな思いで執筆しています。

本書の最後となる第6章では、私が考える『学校をよくする方法』を5つの提言としてまとめてみました。

この歪んだ学校制度を変えるのは、教師の力だけでは不可能です。

教育関係者も、保護者も、社会みんなで、そろそろ本気で考えていかないといけません。そうして、それぞれの立場でできることをやっていけば、少しずつ学校は変えていけるでしょう。

現役の先生方は、子どもたちの未来を守るために、今も現場で必死に戦っています。この章では『社会全体への提言』と『保護者のみなさんへの提言』、2つの側面から提言していきたいと思います。

①社会への提言
「定額働かせ放題の元凶『給特法』を廃止しよう」

給特法をめぐる攻防とその結末

持続可能な学校にするための5つの提言、最初のひとつは『給特法』の廃止です（給特法については第3章で解説しています）。

教員には残業代も休日出勤手当も出ません。これは給特法でそのように定められているからです。少し前まではこんな制度があるなんて、現場の教員でも知らない人もいました。

でもSNSやメディアでたびたび話題になった結果、今では『定額働かせ放題』として知れ渡り、教員不足を加速させる要因のひとつにもなっています。

こんな労働者の権利を踏みにじるような制度は、そもそも違憲であり、廃止一択というのが私の考えです。そうしない限りは教員採用試験の倍率は確実に1倍を下回り、教員不足は解消されないと断言します。

ただこの件については、石破政権になってから相当に揺れ動いている状態です。

まず文部科学省は石破政権になる前から、民間企業の固定残業代に相当する『教職調整額』を4％から13％に上げたい、と言っていました。もちろん定額働かせ放題は維持しつつです。

ところがそれに対して、財務省が「教職調整額を上げる前にまずは業務を減らすべき」という趣旨のコメントを発表したのです。文科省は教員の味方のはずなのですが、これについては正直、「財務省の言ってることの方が一理ある」と思ってしまいました。現場の先生方も「13％に上げなくてもいいから、仕事を減らして！」と悲鳴を上げていました。

そこに予算をかけるのは当たり前。

そして、十分な人員を配置して、労働環境を適正化するのも当然ではないのでしょうか？

お金を出すか出さないか？　残業させるかさせないか？　という次元の争いを続けるのは本当にレベルの低い話だと感じてしまいます。

さてさて、この攻防の結末はどうなったかというと、「2031年までに段階的に10%まで引き上げる」という案で、各省庁が合意をしているとの報道がありました（2024年2月時点）。残業時間の削減などの条件は、特につけないそうです。

つまり、諸悪の根源である『定額働かせ放題』は維持。正直、一番うれしくない案に落ち着いてしまいました。

「やったー！　2025年から5%に増える！　2026年は6%だ！」と喜ぶ人がいるのでしょうか？

10%まで上がる2031年までに、各地の教員採用試験は続々と定員割れを起こしていくでしょう。

ブラックな実態はもはや隠せない

昔は教職がここまでブラックということ、世間には知られていませんでした（昔はブラック企業などという言葉もありませんでしたが）。

もちろん「先生は大変だな」とは誰もが思っていましたが、そんな人々の予想を超えるような過酷なブラック労働を強いられているなんて、世の中の人たちは誰も想像していなかったんです。

当の先生方も、それが当たり前だと思っていました。自分が教わった先生もそれでやっていたし、職場の先輩もそれでやっている、我慢するのは当然……と受け入れてしまっていたわけです。

しかし時代は変わりました。私をはじめSNSで「おかしい！」と声を上げる教員が増えたことで、定額働かせ放題や長時間労働の実態が、今では若い人たちに知れ渡っています。

SNSが広く普及した今、ブラックすぎる教師の勤務実態は、もう隠すことはできません。そんな低待遇のままでは、教師になりたいと思う若い人が増えることもないでしょう。

その結果が、教員不足や教員採用試験の人気低迷なのです。

だからこそ、まずはそこを変えるのが何よりも最優先。

一刻も早く給特法を廃止すべきと考えます。

②社会への提言「学校に『市場原理』を取り入れよう」

これからの学校は『小さな学校』でいい

大人のみなさんに伝えたい2つ目の提言は、教育の自由化・民営化です。

経済学で『大きな政府』と『小さな政府』という考え方があります。『大きな政府』とは、国家は、経済政策はもちろん福祉や医療など広範囲に手厚いサービスをすべきという考え。それに対して、『小さな政府』は、国家は安全保障と最低限のことだけで十分。政府が下手に介入すると市場原理が正常に働かなくなるという考えです。

それで言うと、今の学校は『大きな学校』です。教科指導（授業）以外に、習い事的な要素である部活、生徒のしつけ、生活指導、進路指導、挙げ句の果てには家庭への指導まで……それらすべてを学校が抱えているのです。

私はそこを、学校の本来の、一番の目的である教科指導にググっと絞ることを提案します。やらなくてもいいことは全部やめる。つまり『小さな学校』です。そして他のところは、規制緩和して、民間の教育力に委ねればいいのです。

国鉄も電電公社も郵政も、民営化のときにはものすごい反対が起こりました。「国のインフラがダメになる」「海外資本に奪われる」「山間部を見捨てるのか?」など、大変な批判があったのです。

でも結局、そんなことは起こっていません。民間に任せれば、市場原理が働き、ある程度はうまく回るのです。少なくとも心配されていた「大崩壊」みたいなものは起こっていないわけです。

たとえば電話で言うと、NTT docomoがあって、ソフトバンクがあって、auがあって、楽天があって、もっと小さい会社の格安SIMみたいなものも出てきました。インフラが大混乱したり、山間部がつながらなくなったりするようなことは起こらず、むしろユーザーが多様な選択肢から選べるようになっています。

学校もそうなるべきではないでしょうか?

教育を受ける権利、教育を受けさせる義務は、憲法で規定されています。なので、国家の基盤として、最低限は国が保障しなければなりません。

でもそれ以上の部分まで、全部学校が抱え込む必要はないのです。

サッカーをやりたい子はサッカー教室に行けばいいのです。そうしたら、サッカー教室同士で価格や質の競争が起こって、淘汰《とうた》されます。やりたくもない先生を強制的に顧問にして、たった3人になっても潰れないサッカー部に入るよりも、よっぽど質の良い教育を受けることができます。

市場原理を働かせることで、結果的に『ユーザーファースト』、一番子どもたちの利益になる仕組みが残っていくはずです。

「貧困家庭の子どもの機会が奪われる」という批判もあるかもしれません。

でも、その批判の矛先を学校に向けるのはお門違いです。

たとえば、ピアノやダンスのことを考えてみてください。「うちの子にピアノを習わせたいけど、貧乏だから学校で教えてください！」なんて理屈は通らないでしょう。習いたければ、家庭でお金を出して習わせるのが当たり前なんです。

ピアノ教育は、すべて民間で賄われていますが、それで文句を言う人はいません。

フィギアスケートなどもそうですよね。部活なんてなくても、民間の競争の中で、世界的に活躍する人材も多く輩出していけるんです。

卓球部やテニス部がなくなったとして習いたい子は自分で習いにいくし、部活がなくなったからといって、その競技が衰退するということはないのでしょう。民間でできることは、民間に任せればいいのです。そうすることで、むしろ子どものメリットにもなるし、競技の発展にもつながります。

不登校の支援も民間に任せられる

文化的・学習的な習い事もそうです。

私は教員を辞めてからボイストレーナーをやっていたことがあります。そこで民間の習い事市場は、本当に部活に圧迫されていると感じました。生徒は16時にならないと帰ってきませんし、土日も部活があり、その隙間を縫って習い事をやっています。だから、子どもたちが学校から解放されたら、習い事市場はとんでもなく広がる可能性があるのです。16時から1回やって、19時からもう1回やって、というように2回のサイクルで回せるようになれば、少子化の中でも、市場は倍に拡大する可能性があります。

不登校支援もそうです。

そもそも学校に来ていない、行きたくない子たちなんですよ？　それを学校が抱え込もうとするのは、そもそも無理があります。お医者さんに「通院していない人たちの治療もよろしくね」と言うようなものです。

不登校問題は、民間のフリースクールにアウトソーシングすればいいことです。

学校の先生は、授業をやるのが仕事で、ただでさえギリギリの時間の中で授業の準備などをしています。もちろん、できることはすべてやってあげたい気持ちはありますが、残念ながら時間は有限。個別対応などの仕事はドンドン外注、業務委託していくべきなのです。

フリースクールにもっと公的な支援を入れるようにして、制度としてちゃんと認めていけば、学校はその分の業務を軽減できますし、その分は今学校に来ている多くの生徒たちに還元することができるでしょう。

こういう話をすると「不登校を邪魔者扱いしている」と思う人もいるかもしれませ

んが、それはまったく違います。私自身、不登校の生徒向けのフリースクールをやっていますし、むしろ個性ある不登校の子たちが大好きです。うちのスクールで学んでいる生徒たちは、みんな楽しそうに生き生きと学んでくれています。無理やり学校に引っ張り出していくよりも、そういう環境で学ばせてあげた方が生徒たちにとっても幸せなのです。

部活もそう。サッカー部がなくなれば喜ぶクラブチームはたくさんあります。テニス部がなくなれば「じゃあテニス教室に参入しよう」という企業ももっと増えます。もちろん、受け入れ先がない競技もたくさんあるでしょう。でも、そういう競技はそもそもの需要がないからなくなるのです。たとえば部員が1人の剣道部を無理やり存続させている、みたいな状況の学校はたくさんありますが、本来はそっちの方が異常なことでしょう。

「日本の伝統を存続させたい」というのはわかりますよ？　でもそう思うなら、そう思う人がなんとかがんばればいい話で、やりたくもない教師に無理やりやらせないでって話。

学校がもっとミニマムに、本来の目的に集中することで、教員が人間らしく働けて、生徒もより質の高い教育を受けられるようにする。私が学校に市場原理を取り入れようと言っているのは、そういうことです。

③社会・保護者への提言「部活動は完全に廃止しよう」

部活動は具体的にどのように廃止になるか？

３つ目は、社会全体だけでなく、特に保護者のみなさんへの提言でもあります。「もうそろそろ部活を完全にやめませんか？」という提案です。

今、部活動の地域移行がさかんに言われていますが、前述した通り、それはおそらく失敗に終わります。地域移行に先立って、地域部活の指導員を公募したものの全然集まらず、教育長自らビラ配りした……なんていうニュースがすでに出ているほどです。

その前提で言うと、もう廃止するしか道はないのです。

部活の地域移行を進めても、それが１ミリでも学校に紐づいている限り、必ず学校の先生がそこに関わることになります。

たとえば、一応地域住民が運営しているかたちになっているとしても、〇〇中学校付属野球部みたいな形態では、校長や教員が一切そこに行かないわけにはいきません。何かに際してそこの校長の承認を得たり、名簿を提出するなどの必要が出てきます。

グラウンドで練習していて、ネットがバタンと倒れて生徒が下敷きになった時、学校が一切知らん顔していることなんてできると思いますか？

だから、部活は廃止。もしくは学校とは完全に切り離して、民間企業が自由に運営する形にする。そうしない限り、いつまでも学校の負担は減りません。

中学校・高校の教員の長時間労働の原因の多くは部活です。部活がなくなれば、それだけで、教員の過重労働問題は大きく改善されます。こんなに単純明快な話はありません。そうしたら教員は教材研究に時間をかけたり、生徒の相談に乗ったりと、生徒ともっと向き合えるようになるのです。

もちろん、部活を廃止すれば、いろいろなところに影響が出ることは当然です。保護者のみなさんには経済的な負担もかかるでしょう。

それでも、部活は廃止すべきです。そうしないと、教員の長時間労働、休日出勤はなくならず、今後教員になりたい人が増えることはありません。

部活を守って、学校教育が崩壊してしまっては本末転倒。

部活を廃止すると言うとビックリする人もいますが、実際、地方では少子化の影響で廃部になっている部活もたくさんあります。マイナースポーツの中には大会が維持できなくなっている種目もたくさんあります。少し前に、中学生の全国体育大会から9競技が廃止になるというニュースがありました。

柔道部、剣道部、水泳部などが廃部になっている学校もたくさんあります。じゃあ、そういうスポーツを習いたい子はどうしているかというと、親がお金を払って習わせに行っているのです。

野球やサッカーだけが優遇されて守られる道理はありません。

実は部活の廃止はもう始まっている

すでに部活を廃止、もしくは完全に学校から切り離そうとする自治体も出てきています。

実際、私の出身地である静岡県掛川市は、２０２６年度から市内の公立中学校での部活動を完全に廃止、すべての部活動を地域移行し、公認地域クラブにする、と決定しています。

さまざまな反対はあったと思いますが、全国に先駆けてこのような英断を下した掛川市長と教育委員会には本当に敬服します。

他に愛知県豊橋市や神戸市も、言葉の上では完全廃止とは名言していませんが、すべての部活を（土日以外も）地域に移行すると言っています。実質的には掛川市同様と言えるでしょう。

そのように、いくつかの自治体ではもう部活動の廃止の方向に舵を切っているのです。

部活動の地域移行は失敗すると言いましたが、今後、ほとんどの自治体で試みられることはたしかです。しかし、失敗と揺り戻しを繰り返しながら、おそらく２０３０年ぐらいまでには週2回だけ活動しよう、みたいな感じになって、最終的にはなくなるのでは、と私は推測しています。

部活廃止は子どもの楽しみを奪うというけれど

部活廃止を提唱すると必ず言われるのが、

「子どもの楽しみを奪うのか!?」

「部活が楽しみで学校に行っている子は、どうすればいいんだ」

「部活をやりたくて教員になった先生もいる」

というような意見です。


ただ、理解してほしいのは、部活は学校の正式な教育活動ではないということです。実は部活というのはカリキュラムに含まれていない、教育課程外の活動なんです。だから、法的にやる根拠はないし、先生方に顧問を強制することも本来はできないのです。

「部活が楽しみなんです」というのは、「飲み会が楽しみでこの仕事をしています」と言っているレベルの話。

いくら飲み会をやりたい社員がいたとしても、やりたくない社員にまで強制することはできません。ましてやそのために本業に支障が出ているとなったら、廃止すべきというのは当然。そんなのは、やりたい人が個人的に勝手にやればいいのです。部活を楽しみにしている生徒がたくさんいるのは、事実です。でも、そっちを優先して、学校全体の本来の目的を果たせないというのは、本末転倒です。そもそも、このままでは先生になりたい人がいなくなって、学校教育が維持できなくなる可能性すらあるのですから。

部活を無くすか、それとも教員が足りなくなって学校が崩壊するか……どっちが早いか？　事態はそれほど深刻で、秒読みの状態なのです。

もし本気で子どもたちの楽しみを守るべきと主張する大人は、自分が外部コーチを引き受けてやればいいのです。専門じゃないとか、仕事が忙しいとか、そういう言い訳は通用しません。だって、教員は今そういう状況で部活顧問を強制されているのですから。平日の仕事が終わった後も、土日も、ボランティアで思う存分子どもたちに付き合ってあげてください。

また、「部活がなくなったら、貧困家庭の子どもが困る」という声もあります。お金のある家の子はクラブチームに入れたりスポーツを習わせたりできるけど、貧困家庭の子はどうするんだ、とか、過疎地の子は習いに行けないだろ、とかいう意見。これも、かなりよく言われることです。

でもそれは学校じゃなく、みんなで行政に要望を出しましょう。たとえば行政が『習い事クーポン』などを発行すればいい話です。

習い事に行けないからといって、学校の先生を無償で働かせて解決しようとするのがそもそも筋違いなのです。なぜ無料で部活動ができるのかというと、それは、先生がボランティアで面倒を見ているからです。

誰かの楽しみのため、誰かの利益のために、他の人（先生）の人権を侵害してはいけない。それは法治国家の大原則で、ごく当たり前のことです。

④保護者への提言「学歴信仰・偏差値教育を捨てよう」

今の教育で求められる『学力観』とは

4つ目の提言は、保護者のみなさん、もういい加減、暗記・偏差値競争に子どもを巻き込むのはやめましょう、ということ。

これは先にお話ししたとおり、今現在の小・中学校ではすでにかなり変わっています。大学入試も変わりつつあります。企業の求める人材像も変わっています。

変わってきていることに、保護者のみなさんにも気付いてほしいということです。ところがいまだに、高校受験・大学受験の時期になると、「暗記しないと点数が取れないから、グループワークなんてやってる場合じゃない」と言われてしまうのです。そうじゃなくて、これからの時代に必要な力を身につけさせていく教育を、教師も、保護者も、同じ方向を向いて推進していく必要があります。

総合型選抜という新制度ができたことで、大学受験も変わってきています。それがもっと広く知られるとよいのですが、保護者も、小・中学校の先生ですらも、まだまだそのことを知りません。

この制度を本当にちゃんと広めていけば、日本の教育は間違いなく変わっていくでしょう。

必要なのは「学力観」を変えることです。

もう昭和時代さながらの学歴信仰はいい加減捨てましょう。

いまだに偏差値がどうこうと語っているYouTuberや、居酒屋で「○○大はMARCH以下だろ」みたいなことを堂々と語っているおじさんたちを見ると、とても残念な気持ちになります。

ちなみに……私は誰もが知っているような受験系・勉強系のインフルエンサーたちとも仲良くさせてもらっていますが、彼らも本気で偏差値が重要と思っているわけではなく、あくまでも再生数を取るためのポジショントークだと言っていました（笑）。

学びとは何か？　学力とは何か？　そしてこれから求められているのはどんな人材なのか？　我々大人世代が、もっと真剣に考えていかなくてはいけません。

⑤保護者への提言「子どもと一緒に大人も学ぼう」

子どもたちの学びは、今では多様化している

最後の提言は、保護者のみなさんも、大人のみなさんも、ぜひ学びの歩みを止めないでほしいという話です。

生涯学習社会では、勉強は大学を卒業したら終わりではありません。大学を卒業してからも、常にスキルや知識を更新していく必要があるのです。だから、子どもと一緒に親も学びましょう。子どもよりも先に、我々大人世代が学ぶことを楽しみましょ

う。

子どもの進路についても、昔のイメージでアドバイスせずに、最新の情報を仕入れましょう。子どもと一緒に、あーでもないこーでもない言いながら調べることで親子のコミュニケーションにもなります。

そして、普通科、進学校、偏差値の高い大学……にこだわらず、進路についての視野を広く持つことも大切です。

フリースクール、サポート校、通信制高校、総合型選抜、今は進路についての選択肢もかなり多くなりつつあります。昔の考え方にとらわれない多様な選択肢を知ることは、何より子どもの将来の可能性を広げることにもつながります。

サポート校について少しだけ解説すると、通信制高校に在籍しながら通うスクールのことで、これは法律の縛りがないので、株式会社などでも設立できる学校です。

カリキュラムも自由なので、たとえば午前中に普通の授業をやって、午後にはダンスを徹底的にやるとか、声優やゲームの勉強ができるサポート校もあります。高校の卒業資格自体は通信制高校の方で取得しますが、サポート校で勉強の面でサポートを受けながら、他のやりたいことを追求していけるという仕組みです。

このように、学校も、学びの形もドンドン変化し、多様化しています。我々大人世代、特に教師や保護者の教育観のアップデートは、本当に大事なことなのです。

子どもだけでなく、親ももう一度ワクワクを取り戻そう

「好きなことで、生きていく」

YouTubeがそんなキャンペーンを打ち出したのは2015年でした。ちょうど「ヒカキンっていう人がYouTubeで1億ぐらい稼いでるらしい」と話題になった時期です。

小・中学生のなりたい職業ランキングに『YouTuber』が登場しだしたのも、ちょうどその頃。当時、私は中学校の教員だったのですが「YouTuberになりたい！」という生徒が急に出てきたのをよく覚えています。

でも、当時は多くの大人たちは、

「好きなことばかりやって生きていけると思ったら大間違い。世の中そんな甘くない」と冷ややかな目で見ていたのです。

日本では昔から、「我慢することが美徳」とする価値観が根強くあります。日本人は

農耕民族ですから、協力してお米を育てないといけません。誰かが和を乱して水が涸《か》れてしまったら、一年分のお米が穫れなくなり、村人全員が餓死してしまいます。だから、ツラいことでも、嫌なことでもじっと耐えないといけない。江戸時代から昭和まで、ずっとそういう価値観の中で生きてきたのです。

でも我慢の時代だった昭和も、がむしゃらに働いた高度経済成長期も、物質的な豊かさを追い求めていたバブル時代も終わりました。

そしてコロナ禍を経て、時代は完全に変わっています。

リモートでも仕事ができる。学歴不問で就職できる。YouTubeやTikTokで稼げる。もっと自由に生きていいんだ。ようやく多くの大人たちがそれに気づき始めたのです。

好きやワクワクの感情に素直に従っていい。

これからの時代に自由に翔ける子どもたちを育てるためには、まず大人世代がそのことを思い出すべきだと思います。

子どもへの具体的な働きかけで言うと、まずなんでもかんでも否定しないこと。YouTubeもTikTokも、最初は子どもの遊び、下らないものだと思われていました。「そんなもの見てないで勉強しなさい！」と、よく知らないままに叱りつけていた方も多いと思います。

でも今では、教科書を読むよりもYouTubeを見た方がよっぽどわかりやすいこともあります。また大人の方が必死にYouTubeをやったり、見たりしていることだってあるでしょう。

だから、なんでもとりあえず否定しないで、子どもがやっていることに興味を持ってあげる。子どものやりたいという気持ちを1回受け止めてあげる。そういうコミュニケーションを大切にしてもらえたらなと思うのです。

その上で、やりすぎだとなれば、一緒にルールを決めればいいのです。そして、大人も、子どもたちと一緒に、いろんな体験をしていきましょう。

知識も物も簡単に手に入る時代、もっとも価値が高いのは『体験』です。

体験こそが、子どもにとって最高の財産になります。

たとえば「将来の夢は？」なんて訊かれても、学校と部活と塾しか行っていない子どもに答えられるはずがないのです。引き出しの中に何も材料がないのに、「さあ出してみろ」と言われているようなものなのですから。

子どもの心の引き出しに物を入れてあげるのが体験です。たとえガラクタでも宝物でも、とにかくたくさんの体験を入れてあげましょう。

そうすることで将来、意外なところから意外な答えが見つかったり、改めて発見することがあったり、思いもしないところにつながってきたりするのです。

さあ、まずは今一人でスマホを見ているお子さんのところに行って声をかけてみて「何見てんの？」と。そして、今度の休みに出かける約束をしましょう。

そして、子どもと一緒に、ワクワクする学びを取り戻しましょう。

あとがき

学校教育はもうオワコンなのか？

「教員の未配置４７００人超！」
「不登校の生徒数34万人超！」
「給特法、廃止せず！」

本書を執筆している最中にも、次から次へと衝撃的な見出しが目に飛び込んできました。

どれも耳を疑いたくなるような、暗い気持ちになるニュースです。

学校教育はもうオワコン（「終わったコンテンツ」という意味のネットスラング」）なんじゃないか？　そう思いたくもなります。

文部科学省は2031年までに教職調整額（みなし残業代のようなもの）を10%まで引き上げると言っているけれども、もう2030年を待たずして、先生の成り手がいなくなってしまうんじゃないかと、本気で心配している先生も多いです。

実際、このままいったら公教育は崩壊する、と私は思っています。いや、「私は思っています」と言いましたが、私だけではありません。現場で働く多くの先生は、そう思っていることでしょう。

しかも、それは最近の話ではなく、もう10年以上前から、みんななんとなく、わかっていたことです。

このままじゃ先生がドンドンいなくなる。

小学校低学年の頃から学級崩壊は当たり前。日々の授業を成り立たせるだけで精一杯になる。職員室には怒鳴り声やクレームが飛び交い、先生方は疲れ果てて生気を失った顔をしている。

そうするとお金がある人たちは、私立学校に小学校のうちから通わせて、子どもを安全な壁の中で育てるようになります。でもそんな余裕がない人たちだけが、仕方なく公立学校に行かせる。

「このままでは大変なことになりそう」というレベルではなく、教員数からして、物理的に持続不可能になる。維持させるにはクオリティを下げるしかなくなる。

このまま行ったら確実にそうなる。多くの教師たちは、ずっと前から切実にそう思っていました。

でもまさかまさか……「このままいったら」と思っていたら本当に、このままいってしまったのです。

実際に4700人以上も足りなくなったり、教員採用試験で定員割れ状態になったりする事態にまでおちいってしまっています。

もはや手の打ちようがないと感じる人もいるかもしれません。

日本の学校は終わらない

でも、私は希望は捨てていません。

今、現場でがんばっている多くの先生方もそうでしょう。だからまだ現場で踏ん張っているのです。

なぜこのような状況下でも、希望を捨てないでがんばっている先生が多いのか？

その理由は3つあります。

ひとつは、やるべきことが明確だから。

もうひとつは、先生はもともとがんばり屋で、忍耐強い人が多いから。

最後は、子どもたちの笑顔です。

学校教育をオワコンにさせない方法は明確です。それは現場の先生方が一番よくわかっています。

大きな枠組みで言うと、それは今まで『やりがい搾取』で働かせてきた教員の待遇改善。子どものために使う時間を増やすために、業務量を減らすこと。そのために学校がやらなくてもいいことを手放すことです（このあたりは第6章で詳しく説明していま す）。

まずはここさえ変われば、学校はオワコンにならずに済みます。こんなに明確な話はないので、それがわかっている先生方は、そこに期待して、希望を捨てずにいるのです。

そしてふたつめは、現場の先生方の質。

先生方は、本当にマジメで、誠実で、優しい、子ども思いの人が多いです（さんざん『働かない教師』とか言っておいて最後に褒めても遅いかもしれませんが（笑））。

よく中高生から、

「先生に何度も質問に行くのは迷惑ですか？」

「先生に手紙書いたら迷惑ですか？」

というような質問が来ますが、そんなことはまったくありません。

先生方は子どもたちのことが大好きです。

質問に来てくれたらうれしいし、手紙をもらったら一生大切にするくらい。私も今まで生徒からもらった手紙、色紙は、一生の宝物としてすべて大切に保管してあります。

そんな生徒思いの先生方がいる限り、学校は大丈夫。

だいぶジリ貧になってきてはいますが、その中でも子どもたちにとって最善の教育を実践してくれるはずです。

最後は、子どもたちの笑顔。

学校がどんなに大変でも、どんなに忙しくて、どんな理不尽なクレームにさらされても、子どもたちの笑顔を見ると、そんなことは忘れてしまうんですね。

それが教師にとって、何よりの喜びなのです。

ただ、子どもたちの笑顔でもリカバリーできないほどのストレスや疲労を抱えてしまった先生が、どうしても体調を崩してしまい、そういう先生が増えているのも現状。

だから、やりがいにかまけて、先生方を搾取し続けたら、いずれ学校はオワコンになってしまいます。

さあ、どうしますか？

……という話です。


人によってできることは違うと思います。

私は最近、フリースクールと通信制サポート校を始めました。

ここでは詳細は書きませんが、独自の新しいビジネスモデルを構築できたため、どちらも生徒はほぼ無料で通うことができます。

正直、ビジネス的な面からいうと、私個人としてはわざわざ今スクールをつくるメリットというのはそんなにありません。損か得かいったらやらない方が得なくらい（笑）。でも、今の私があるのは、教員時代に笑顔をくれた子どもたちのおかげ。

そして今、私の動画を毎日見て、応援してくれている子どもたちのおかげです。

だから、日本の子どもたちのために、少しでも役に立ちたい。

公立学校の教員を辞めても、自分ができる形で子どもたちを応援し、学校教育を後方から支援していきたい。

そんな思いで、私にしかできない形で、教育現場に戻ることにしたのです。

本書を世に送り出したのも、私にしかできないことのひとつです。

子どもたちの未来のために、あなたができることはなんでしょう？　もしかしたら投票に行くことかもしれませんし、ＰＴＡの会議で何か提案することかもしれません。得意なスポーツがある人は部活動指導員として、地域部活の指導者登録をしてみてもいいでしょう。

自分には何ができるだろう？　と、第6章を参考に考えてみてもらえたら幸いです。

小さなことでもいいので、ぜひできることから始めてもらえたらと思います。

この本が、多くの人が学校の実情、先生の思いを知るキッカケになったら……そして、先生方が安心・安全に、豊かな気持ちで働ける環境が少しずつでも実現していったら、著者としてとてもうれしいです。

みなさんも一緒に声を上げましょう。

子どもたちの未来と、そして日本の未来のために。

2025年1月11日

静岡の元教師すぎやま

著者略歴

静岡の元教師すぎやま（しずおかのもときょうし・すぎやま）

YouTuber、TikToker、LGBTQ、教育評論家。静岡県掛川市出身。10年以上中学校教諭として勤務したのちに、2018年に退職。現在は先生のホンネ、学校のウラ側を解説するインフルエンサーとして活動中。現在総フォロワー数70万人超。フォロワーの多くは中高生で、若者心理やSNS文化に詳しい教育者として、自己啓発、SNSなどのテーマで、執筆・講演を行っている。2021年には『ゲイ』であることをカミングアウト。LGBTQの啓発活動として、講演会や企業向け研修会なども行っている。2024年に不登校生徒向けのオンラインのフリースクール『新時代スクール』を創設。クラウドファンディングで応援を募り、支援総額780万円超を達成。

SB新書　687

教師《きょうし》の本音《ほんね》

生徒《せいと》には言《い》えない先生《せんせい》の裏側《うらがわ》

2025年3月15日　初版第1刷発行

著　　者　静岡《しずおか》の元教師《もときょうし》すぎやま
発 行 者　出井貴完
発 行 所　SBクリエイティブ株式会社
〒105-0001　東京都港区虎ノ門2-2-1
装　　丁　杉山健太郎
本文デザイン DTP　株式会社キャップス
編集協力　大越よしはる
編　　集　吉田 凪
印刷・製本　中央精版印刷株式会社

本書をお読みになったご意見・ご感想を下記URL、
または左記QRコードよりお寄せください。
https://isbn2.sbcr.jp/31109/

落丁本、乱丁本は小社営業部にてお取り替えいたします。定価はカバーに記載されております。
本書の内容に関するご質問等は、小社学芸書籍編集部まで必ず書面にて
ご連絡いただきますようお願いいたします。

ISBN　978-4-8156-3110-9